fechas históricas de México

fechas históricas de México

las efemérides más destacadas
desde la época Prehispánica
hasta nuestros días

Fernando Orozco L.

FECHAS HISTORICAS DE MEXICO

Dibujos:
José Narro

Primera edición: 1992
Primera reimpresión: 1993

Leibnitz 31, Col. Anzures
11590 México, D.F.

Printed in Mexico
Impreso en México
ISBN 968-38-0295-8

Indice

PROLOGO

La palabra "Efemérides" es latina, aunque de origen griego, significando literalmente: "acontecimientos de un día"; pero el uso y la costumbre le han dado una nueva interpretación semántica al término, al emplearse como "libro o comentarios de sucesos notables ocurridos en diferentes épocas", ampliándose así bastamente el concepto.

En el caso del libro que hoy presentamos, las acotaciones de fechas se refieren a "sucesos notables" de la Historia de México.

Escasean en general los libros de efemérides y, en particular, los de efemérides mexicanas. En algunos diarios se han publicado y se publican en las páginas editoriales, columnas de variada extensión, con títulos referentes día a día, a acontecimientos ocurridos en la fecha, hace 25 o 50 años; pero aún recopilándolos, que sería un interesante trabajo, sólo registrarían, cuando mucho, acontecimientos de cincuenta años de antelación al primer número del periódico, así fuese el decano, que se ocupara de publicar tal columna efeméride, no alcanzando a citar fechas y sucesos más lejanos e interesantes.

De ninguna manera pretendemos que este libro sea completo, cosa muy difícil y extensa; pero se han escogido con cuidado acontecimientos, de los más relevantes, de los más notables, de los más cruciales de la Historia de México para citarlos aquí, con la intención que sea material útil y manual para los acuciosos, para los investigadores y para los jóvenes estudiantes.

De la época Prehispánica no es posible citar fechas en muchos casos, y nos hemos limitado a encuadrar los sucesos en épocas o años, salvo los acontecimientos inmediatos a la conquista, consignados ya en una cronología propiamente histórica, por coetáneos indígenas o investigadores españoles.

Según nuestro criterio, la Historia es causística: no hay hecho espontáneo sino provocado por una causa que al producir el efecto, da lugar a otra causa. En este libro no se puede demostrar tal razonamiento porque es necesario tener en cuenta que también no se trata de un texto de historia, pero sí de un valioso auxiliar de esta ciencia.

Para facilitar la localización de datos, se ha dividido la obra en seis etapas, a saber: la época Prehispánica; el Virreinato; la Independencia; la República; la Revolución y el México Contemporáneo.

La mayor parte de las citas y fechas que se mencionan, han sido tomadas de obras de connotados autores e investigadores y, a veces, contemporáneos de los sucesos. A ellos, *in-memoriam*, damos nuestras más cumplidas gracias.

El Autor.

1

Epoca Prehispánica

1064.

Los toltecas provenientes de Tula, después de la destrucción de esa ciudad por los chichimecas, fundan Culhuacan. De la nueva clase gobernante salió el príncipe Acamapichtli **(el que empuña la caña),** para ser el primer tecutli o señor de los mexicas.

1325.

Los mexica fundan México-Tenochtitlan; pero habiendo surgido una desavenencia entre los sacerdotes Tenoch y Moquihua, éste, con sus seguidores, fundan en 1350 otra población a la que llaman México-Tlaltelolco.

1363.

Se ha deducido, siguiendo las narraciones orales y los códices, que en este año murió el sacerdote Tenoch, quien fue el último guía de los mexica hasta el encuentro del «águila devorando la serpiente», lugar designado por la tradición para que la última tribu nahua fundara su lugar de residencia.

1376.

Se supone que en el mes de octubre de este año, el joven príncipe culhua Acamapichtli **(el que empuña la caña),** es designado por los mexicas como su primer **tecutli** (señor).

1396.

Al morir Acamapichtli, asciende al señorío mexica el tecutli Huitzilihuitl **(pluma de colibrí).** Se casó con una hija de Tezozómoc, señor muy poderoso de Azcapotzalco, del que los mexica eran tributarios. Por este matrimonio las exigencias disminuyeron y los mexica empezaron a construir sus adoratorios y casas de piedra. Murió en el año de 1417.

1417.

Sube al señorío mexica el joven guerrero Chimalpopoca **(escudo que humea).** Se empeñó en sacudir la tiranía de los tecpanecas de Azcapotzalco. Muerto su abuelo Tezozómoc, Chimalpopoca se ocupó en hacerse independiente, pero fue asesinado por Maxtla, el usurpador en el señorío tecpaneca.

1418.

Se levanta en armas en contra de la tiranía tecpaneca el señor de Tezcoco, Ixtlixóchitl, y es muerto en un combate ante la vista de su hijo Nezahualcóyotl, quien estaba oculto en un árbol de capulín.

1427.

3 de abril.—Es proclamado señor de México-Tenochtitlan el guerrero Izcóatl **(serpiente de pedernal),** verdadero fundador de la monarquía. Formó una alianza con Tlacopan y Tezcoco para luchar contra el usurpador Maxtla, de Azcapotzalco, al que derrotó y dio muerte, pasando la supremacía a Tenochtitlan.

1440.

Julio.—Sube al trono mexica el quinto tecutli, Moctezuma Ilhuicamina **(el flechador del cielo).** Construyó un dique para contener las aguas del lago; estableció la Guerra Florida con los tlaxcaltecas, para hacerse prisioneros mutuamente y llevarlos a sacrificar. Extendió el dominio mexica a vastas regiones, desde el Pacífico al Golfo de México. Mandó construir el acueducto de Chapultepec.

1469.

Junio.—Sube al trono mexica el monarca Axayácatl **(rostro en el agua),** quien siguió la política de conquistas. Sujetó a los tlaltelolcas y con los tributos de los pueblos sometidos formó un enorme tesoro. Durante su gobierno se esculpió el Calendario Azteca o Piedra del Sol.

1474.

24 de agosto.—Nace en Sevilla, España, Fray Bartolomé de las Casas, protector de los indios y primer obispo de Chiapas. Murió en Atocha, cerca de Madrid, en julio de 1566.

1481.

30 de octubre.—Sube al trono mexica el príncipe Tizoc **(pierna de esmeraldas).** Emprendió la guerra contra Metztitlán, actual estado de Hidalgo, para hacer prisioneros y sacrificarlos en la ceremonia de su coronación, pero fue derrotado, provocando gran disgusto entre la nobleza. Mandó labrar la piedra de los sacrificios del Templo Mayor. Murió envenenado.

1485.

Nace en Medellín, Extremadura, España, Hernán Cortés y Monroy. Hijo de hidalgos pobres, fue enviado a la Universidad de Salamanca en donde hizo algunos estudios de jurisprudencia. Vino a América y auxilió a Diego Velázquez de Cuéllar en la ocupación de Cuba. Fue alcalde en Santiago y el propio Velázquez, por consejo de los funcionarios reales Andrés de Duero y Amador de Lares, lo nombró comandante de la tercera expedición a tierras mexicanas.

1486.

Septiembre.—Sube al señorío mexica el caudillo Ahuízotl **(espinoso del agua),** monarca muy belicoso.

Año de 1325: Fundación de México-Tenochtitlan por los mexicas.

Mandó reconstruir el Templo Mayor y para su reinauguración llevó a cabo una gran festividad, en la que fueron sacrificados miles de víctimas humanas. Murió al golpearse la cabeza con una viga de las obras que estaban realizándose para salvar a la ciudad de una inundación.

1492.
3 de agosto.—Sale del puerto de Palos de Mogüer la expedición compuesta por tres carabelas y ciento cincuenta hombres al mando de Cristóbal Colón, marino genovés al servicio de España, quien descubrió el continente americano en la madrugada del día 12 de octubre del mismo año.

1493.
4 de enero.—Después de haber dejado una guarnición en el Fuerte de Navidad en La Española (hoy Santo Domingo), sale Cristóbal Colón de regreso a Europa de su primer viaje.

1493.
15 de abril.—Cristóbal Colón y sus compañeros llegan a Barcelona, donde se encontraba la Corte, siendo recibidos con grandes muestras de alegría.

1493.
3 de mayo.—El Papa Alejandro VI, en previsión de posibles controversias entre España y Portugal, expidió una Bula señalando una «Línea de demarcación» trazada de polo a polo, distante cien leguas al oeste de las islas Azores, correspondiendo a Portugal las que se hallasen al oriente de esa línea y a España las del occidente. La división no satisfizo al rey de Portugal y, después de muchos alegatos se estipuló, en el Tratado de Tordesillas, el 1 de

junio de 1494, trasladar la línea divisoria a trescientas sesenta leguas al oeste de Cabo Verde.

1493.

25 de septiembre.—Del puerto de Cádiz sale la segunda expedición, al mando de Colón, hacia las tierras recién descubiertas. Llegan a La Española el 27 de noviembre del mismo año y encuentran destruido el Fuerte de Navidad. Los cuarenta marineros que allí quedaron con el capitán Arana, fueron muertos por los indígenas, quienes se sublevaron por los graves abusos que cometieron los primeros colonos.

1498.

30 de mayo.—Del puerto de Sanlúcar zarpa Cristóbal Colón en una tercera expedición hacia las Islas del Mar Océano. Descubre la gran isla de Trinidad y explora la desembocadura del río Orinoco. Regresa a La Española.

1500.

3 de abril.—Nace en Sahagún, reino de León, España, Bernardino Ribeira. Estudió en Salamanca y al ingresar a la Orden de San Francisco se hizo llamar Fray Bernardino de Sahagún. Vino a México y llevó a cabo una extraordinaria labor de investigación científica sobre los antiguos pueblos indígenas de México.

1502.

9 de mayo.—Colón emprende su cuarto y último viaje al nuevo continente, con cuatro carabelas y ciento cincuenta marineros. Exploró las costas de Honduras. Regresó a España, a donde llegó el 7 de noviembre. Pocos días después, murió su protectora la reina Isabel. Colón falleció en Valladolid, pobre y olvidado, el 21 de mayo de 1506.

1502.
Agosto.—Sube al trono mexica el príncipe Moctezuma Xocoyotzin **(señor sañudo y distinguido)**, quien se hizo llamar tlacatecutli **(señor de señores).** Era muy religioso, lo cual influyó bastante en su conducta al tratar con los conquistadores. Murió el día 29 de junio de 1520 a consecuencia de una pedrada que recibió al intentar apaciguar al pueblo sublevado en contra de Cortés, de sus soldados y sus aliados.

1503.
29 de enero.—Se funda la Casa de Contratación de Sevilla, institución creada por la Corona española para que se encargase de todos los negocios con el nuevo continente

1517.
8 de febrero.—Zarpa del puerto de Ajaruco, Cuba, la primera expedición a las costas mexicanas, al mando del capitán Francisco Hernández de Córdoba.

1517.
1 de marzo.—Llega la expedición de Francisco Hernández de Córdoba a una isla, a la que se llamó Isla Mujeres, por haberse encontrado ahí esculturas con caracteres femeninos.

1517.
21 de marzo.—Desembarca en Catoche la expedición de Hernández de Córdoba. Los expedicionarios son atacados furiosamente por los guerreros indígenas, que matan y hieren a muchos soldados. Her-

nández de Córdoba es gravemente herido y muere al regresar a Cuba. Los españoles hacen prisioneros a dos jóvenes indígenas y los bautizan con los nombres de Melchor y Julián.

1518.
Abril.—Sale de Cuba la segunda expedición hacia las costas mexicanas, compuesta de cuatro navíos y doscientos cuarenta hombres a las órdenes del capitán Juan de Grijalva.

1518.
5 de mayo.—El capitán Juan de Grijalva toma posesión de la isla de Cozumel en nombre de los monarcas españoles.

1518.
24 de junio.—Llega la expedición de Juan de Grijalva a Chalchicuecan, hoy Veracruz. Le da el nombre de San Juan de Ulúa al islote que está frente a la playa, por ser día de San Juan Bautista y porque los indígenas gritaban «Culúa». Después de obtener muchas piezas de oro, que mandó a Cuba con el capitán Pedro de Alvarado, regresa a La Habana con toda la expedición.

1519.
1 de enero.—Creación del obispado de Santa María de los Remedios en Yucatán.

1519.
10 de febrero.—Al mando del capitán Hernán Cortés, zarpa del puerto de La Habana, Cuba, la tercera expedición a las costas mexicanas, compuesta de once naves, quinientos ocho soldados, trece escope-

teros, treinta y dos ballesteros, diez y seis caballos, diez cañones y cuatro falconetes.

1519.
13 de marzo.—Sabiendo que hay unos náufragos españoles en Cozumel, Hernán Cortés envía a buscarlos a Diego de Ordaz. Después de una semana de búsqueda regresa sin éxito. Cuando la expedición se hacía de nuevo a la mar, en una canoa llegó un individuo que dijo llamarse Jerónimo de Aguilar, natural de Ecija, quien vivió entre los indígenas diez años y aprendió perfectamente el idioma maya. Posteriormente le serviría mucho como intérprete a Cortés.

1519.
24 de marzo.—Al llegar a las costas de Tabasco se fuga el joven indígena Melchor, quien venía como intérprete en la expedición de Cortés.

1519.
25 de marzo.—En la llanura de un lugar de la costa llamado Centla, los guerreros de Tabasco dan furiosa batalla a los soldados de Cortés. Fueron derrotados. Se asegura que el intérprete Melchor los incitó a dar la batalla. Disgustados por la derrota, los caciques lo hicieron matar.

1519.
16 de abril.—Concertada la paz, los caciques tabasqueños le regalan a Cortés veinte jóvenes muchachas indígenas como un presente. Entre ellas a una muy desenvuelta llamada Malintzin y que los españoles bautizaron con el nombre de Marina. Hablaba perfectamente el náhuatl y el maya. Fue muy valiosa

colaboradora de Cortés en toda la empresa conquistadora.

1519.
21 de abril.—Llega la expedición de Hernán Cortés a Chalchicuecan, hoy Veracruz, y entra en tratos con los primeros embajadores enviados por Moctezuma.

1519.
25 de abril.—Para romper los nexos políticos con Diego Velázquez, el Viernes Santo Cortés funda el Ayuntamiento de la Villa Rica de la Veracruz. Se hace nombrar Capitán General y Justicia Mayor.

1519.
10 de julio.—Se envía al emperador Carlos V Carta de Relación del Ayuntamiento de la Villa Rica de la Veracruz, en la cual se le notifican todos los acontecimientos acaecidos y las razones que se tuvieron para fundar el Ayuntamiento y darle el nombramiento a Cortés. Esta carta, así como una de Cortés, que no han sido encontradas, fueron remitidas en un barco conducido por el piloto mayor Antón de Alaminos. En él iban los procuradores Alonso Hernández Portocarrero y Francisco de Montejo, llevando, además, muy valiosos presentes.

1519.
15 de julio.—En Cempoala, invitado por el jefe de esa ciudad –al que los españoles llamaron el Cacique Gordo– Cortés recibió muchas quejas del mal trato y de las pesadas exigencias que Moctezuma les imponía. Casualmente, en ese momento, llegaron cuatro recaudadores mexicanos, a quienes se detuvo y apresó. Sin embargo, Cortés los puso en li-

bertad para convencer a Moctezuma que venía como amigo.

1519.

22 de julio.—Ante las insistentes peticiones de algunos capitanes y soldados que se querían regresar a Cuba, Cortés maniobró para que sus maestres de mar dijesen que los navíos estaban «comidos de broma» e inservibles. Ordenó que se desembarcase todo el material útil y se les diese «través» a las naves. Así fue como obligó a los renuentes a seguirlo en su empresa conquistadora.

1519.

16 de agosto.—De la Villa Rica sale hacia México la expedición de Hernán Cortés con el fin de entablar tratos con Moctezuma. Dejó en el puerto una pequeña guarnición al mando del capitán Juan de Escalante. Los cempoaltecas le proporcionaron algunos escuadrones de guerreros y unos cargadores para que llevasen el fardaje.

1519.

23 de septiembre.—Después de dos tremendas batallas, los tlaxcaltecas son derrotados y piden la paz. Se declaran aliados de Cortés, quien, victorioso, entra en Tlaxcala.

1519.

14 de octubre.—Cortés, junto con su expedición y sus aliados, entra a la ciudad santa de Cholula. Ahí mismo los mexicas le preparan una celada.

1519.

18 de octubre.—**Matanza de Cholula.** Por algunos indicios y por la información completa que una anciana le dio a la Malinche, Cortés se enteró de la celada que le preparaban los de Cholula. Fingió preparar la salida de sus soldados y con el pretexto de despedirse hizo que se reunieran los señores en la Plaza Mayor. A una señal, sus soldados y los guerreros aliados atacaron a los cholultecas, provocando tremenda matanza. Los embajadores de Moctezuma reconocieron que la trampa fue puesta por órdenes de su señor.

1519.
23 de octubre.—Diego de Ordaz asciende a la cima y al cráter del Popocatépetl.

1519.
8 de noviembre.—Cortés, sus compañeros y sus aliados entran en Tenochtitlan. Son recibidos por Moctezuma en la calzada que actualmente es San Antonio Abad. Moctezuma ordena que se les aloje en el Palacio de Axayácatl (lugar donde ahora está el Nacional Monte de Piedad).

1519.
10 de noviembre.—El jefe Cuauhpopoca y sus guerreros atacan a la guarnición de la Villa Rica y matan al capitán Juan de Escalante y a cuatro soldados.

1519.
16 de noviembre.—Después de visitar y recorrer la ciudad –la cual los deja maravillados–, los españoles se percatan del grave peligro que constantemente corren. Cortés, al recibir la noticia del ataque de los mexica a la guarnición de la Villa Rica, resuelve hacer prisionero a Moctezuma, quien es conducido al cuartel español a pesar de algún intento de resistencia.

1519.

7 de diciembre.—Moctezuma hace traer a Cuauhpopoca **(águila que arroja humo)** y a sus compañeros y los entrega a Cortés. Este les instruye un juicio y los hace quemar vivos como responsables del ataque a la guarnición de la Villa Rica. Cuauhpopoca declaró haberlo hecho por orden de su señor.

1520.

2 de abril.—Moctezuma le hace saber a Cortés de la llegada a la Villa Rica de un gran contingente de hombres y caballos. Trátase de la expedición que a las órdenes del capitán Pánfilo de Narváez fue enviada por Velázquez para apresar a Cortés.

1520.

2 de junio.—Matanza del Templo Mayor. Cuando Cortés salió (20 de mayo) a combatir a Narváez, dejó una guarnición en México a las órdenes del capitán Pedro de Alvarado. La nobleza mexica le pidió autorización a éste para llevar a cabo la fiesta del Tozcatl o renacimiento de Tezcatlipoca. Cuando los nobles, ricamente adornados con joyas de oro, llevaban a cabo la danza ritual, Alvarado los hizo atacar con sus soldados y aliados, causando una gran matanza. Esta crueldad produjo la inmediata rebelión de los mexicas que atacaron furiosamente a los españoles, obligándolos a encerrarse en su cuartel.

1520.

4 de junio.—Cortés ataca a Narváez en Cempoala, lo derrota y lo hace prisionero.

1520.

24 de junio.—Después de una rápida marcha desde Cempoala, Cortés llega a México y recibe la noticia de la sublevación de la ciudad contra Alvarado. Tan pronto como entra al cuartel, en compañía de todos los soldados de Narváez que se le habían unido, los mexica emprenden un ataque. Cortés pone en libertad al príncipe Cuitláhuac, que estaba prisionero junto con el señor de Tacuba y otros. Cuitláhuac se pone al frente de la rebelión.

1520.
29 de junio.—Muere Moctezuma Xocoyotzin, noveno monarca mexicano, de una pedrada que, según la leyenda, le dio el príncipe Cuauhtémoc cuando aquél salió a la azotea del cuartel español para pedirle a los sublevados se mantuvieran en paz.

1520.
30 de junio.—La Noche Triste. Cortés, sus soldados y aliados, intentan salir sigilosamente de la ciudad. Son descubiertos y atacados y sufren una espantosa derrota. Muchos soldados regresaron al cuartel, donde fueron hechos prisioneros. Los sobrevivientes se pusieron en marcha hacia Tlaxcala.

1520.
7 de julio.—Batalla de Otumba. En su penosa retirada hacia Tlaxcala, Cortés y sus compañeros se encontraron en los llanos de Otumba con un ejército mexicano muy numeroso. Cortés y algunos de sus capitanes lograron llegar a caballo hasta donde estaba el jefe mexica. Lo derribaron y el soldado Juan de Salamanca lo mató y despojó del estandarte. Cuando los guerreros vieron que su **cihualcoatl** yacía muerto y el estandarte estaba en poder de Cortés, se retiraron y dejaron que los españoles y sus aliados continuaran la marcha hacia Tlaxcala, ciudad a la que llegaron el día 12. Fueron muy bien recibidos.

1520.
3 de septiembre.—Fundación de Segura de la Frontera, en Tepeaca, Puebla, primera villa española en la altiplanicie. Después de recuperarse de las heridas sufridas la Noche Triste y después de reorganizar a sus contingentes con algunos refuerzos y con más guerreros proporcionados por aquellos pueblos que se habían declarado sus aliados, Cortés emprendió una campaña para circunvalar a México.

1520.
7 de septiembre.—Cuitláhuac es elegido emperador de los mexica. En la fiesta de su coronación fueron sacrificados los prisioneros españoles que se refugiaron en el cuartel en la batalla de la Noche Triste. Murió Cuitláhuac de la peste de **teozahuatl** (grano divino) o viruela, contagiada por un negro que venía como servidor de Narváez, el 26 de noviembre de 1520.

1520.
30 de octubre.—Segunda Carta de Relación de Cortés al emperador Carlos V. Está fechada en Tepeaca.

1521.
Enero.—Empieza a ejercer el gobierno del Estado mexica el caudillo Cuauhtémoc **(águila que desciende).**

1521.
25 de abril.—En Tezcoco es ahorcado Antonio de Villafaña por encabezar una rebelión para dar muerte a Cortés y regresar a Cuba.

1521.
28 de abril.—En Tezcoco son botados trece ber-

8 de noviembre de 1519: Encuentro de Hernán Cortés con el emperador Moctezuma II, en la entrada de la Gran Tenochtitlan.

gantines, construidos en Tlaxcala por el maestro carpintero de ribera Martín López. Desarmados, miles de indígenas los trasladan hasta Tezcoco. Se excavó un canal para unir a Tezcoco con el lago de México.

1521.
26 de mayo.—Empieza el sitio de México, al romper los españoles y sus aliados el acueducto que llevaba el líquido potable de Chapultepec a Tenochtitlan.

1521.
28 de junio.—El contingente de Cortés sufre grave derrota. Cortés es hecho prisionero, pero lo libera Cristóbal de Olea, quien muere en el combate.

1521.
13 de agosto.—El bergantín que manda el capitán García Holguín, captura una soberbia canoa en la que Cuauhtémoc y su familia tratan de llegar a la tierra firme. Con la captura termina la resistencia de los mexicanos. El sitio duró tres meses. La ciudad de México quedó completamente destruida.

1521.
23 de septiembre.—Por disposición de Hernán Cortés se funda el Ayuntamiento de Coyoacán. Se hace la **traza** y se inicia la reconstrucción de la ciudad de México.

1521.
15 de octubre.—Los españoles atormentan a Cuauhtémoc para que diga dónde está el tesoro. El capitán Julián de Alderete, con la anuencia de Cortés, aplica aceite hirviendo a los pies del caudillo azteca y del señor de Tacuba, Tetlepanquetzal.

2

Epoca Virreinal

1522.
Abril.—Se establece sobre el puerto de Veracruz el pago aduanal llamado **Almofarifazgo.** Los puertos de Pánuco y Campeche tuvieron que pagarlo hasta el siglo XVII.

1522.
15 de mayo.—Hernán Cortés envía su tercera Carta de Relación al emperador Carlos V.

1522.
15 de octubre.—El emperador Carlos V nombra Gobernador y Capitán General de Nueva España a Hernán Cortés.

1523.
4 de julio.—El emperador Carlos V concede escudo de armas a la ciudad de México.

1524.
25 de enero.—Sale de México una expedición a las órdenes del capitán Cristóbal de Olid. Embarca en Veracruz para dirigirse a las Hibueras (hoy Honduras) en busca de un paso hacia el mar del Sur.

1524.
15 de marzo.—Se dictan ordenanzas para el gremio de herreros en México. Es la primera ley en materia de trabajo.

1524.
13 de mayo.—Llegan al puerto de Veracruz trece religiosos franciscanos, encabezados por fray Martín de Valencia. Viajaron a pie a México. Fueron

recibidos muy respetuosamente por Cortés y los conquistadores y se pusieron de rodillas para besarle las vestiduras, ante el asombro de los indígenas.

1524.
1 de agosto.—Para que se encargue de los aspectos gubernativos y políticos, el emperador Carlos V crea el Real Consejo de Indias.

1524.
24 de octubre.—Hernán Cortés sale de México hacia las Hibueras con el propósito de castigar a Cristóbal de Olid, quien se había sublevado. Lo acompañó un espléndido séquito compuesto, entre otros, por los frailes franciscanos Juan de Tecto y Juan de Aora, la Malinche, Bernal Díaz del Castillo y los señores de México y de Tacuba (Cuauhtémoc y Tetlepanquetzal).

1524.
14 de diciembre.—Gobiernan a México, por disposición de Cortés, los oficiales reales Francisco de Salazar y Pedro Almíndez Chirino. Cometen tales abusos y atropellos que la ciudad está pronta a sublevarse.

1525.
14 de enero.—Los franciscanos construyen la primera iglesia de importancia, donde después se erige la catedral de México.

1525.
28 de febrero.—**Muerte de Cuauhtémoc**. En la aldea de Izancanac, Tabasco, Cortés mandó ahorcar

a Cuauhtémoc y a los señores de Tacuba y de Tezcoco (Tetlepanquetzal y Coanacoch). Se les acusó de aprovecharse de la debilidad en que se encontraba la expedición que iba hacia las Hibueras para sublevarse y regresar a México a restablecer su antigua monarquía. Los cadáveres quedaron suspendidos en una ceiba.

1526.
16 de mayo.—El franciscano fray Julián Garcés funda el obispado de Tlaxcala.

1526.
20 de junio.—Procedente de las tierras de Tabasco, donde supo de la muerte de Cristobál de Olid a manos del capitán Francisco de las Casas, su enviado, llega Hernán Cortés a México; encuentra a la ciudad en pleno estado de anarquía debida a las arbitrariedades de los Oficiales Reales.

1526.
24 de junio.—Se celebra en México la primera corrida de toros.

1526.
2 de julio.—Llega a la ciudad de México el oficial Real don Luis Ponce de León. De inmediato le finca juicio de residencia a Hernán Cortés por la serie de acusaciones enviadas a la Corte. Ponce de León enfermó y murió el día 20 del mismo mes.

1526.
1 de agosto.—Recibe el gobierno de la Nueva España el licenciado Marcos de Aguilar como oficial Real, en sustitución de Luis Ponce de León. Aguilar no siguió el juicio de Residencia contra Cortés ni hizo nada en el gobierno.

1526.
3 de septiembre.—Hernán Cortés envía al emperador Carlos V su quinta Carta de Relación.

1526.
14 de septiembre.—Francisco de Orozco funda la villa de Antequera (Oaxaca) como población española.

1526.
19 de septiembre.—El cacique indígena Nicolás de San Luis Montañés funda la villa de Acámbaro, primera población española en el actual estado de Guanajuato.

1527.
14 de junio.—Por órdenes de Cortés, en Tehuantepec se inicia la construcción de una flota que al mando de Alvaro de Saavedra envió a explorar la mar del Sur.

1527.
22 de agosto.—Recibe el gobierno de Nueva España el oficial Real Alonso de Estrada, enemigo de Cortés. Durante este gobierno el capitán Diego de Mazariegos conquista Chiapas, lugar donde funda la población de Villarreal, posteriormente Ciudad Real de San Cristóbal.

1527.
13 de diciembre.—El emperador Carlos V firma una cédula para establecer una Audiencia Gobernadora en Nueva España, presidida por el gobernador de Pánuco, licenciado Nuño Beltrán de Guzmán.

1527.
21 de diciembre.—Se funda el obispado de México.

Su primer obispo fue el franciscano Fray Juan de Zumárraga, gran defensor de los indios.

1528.
6 de diciembre.—Desembarcan en Veracruz los oidores de la Primera Audiencia Gobernadora. A los pocos días llega a México el presidente de la Audiencia.

1529.
4 de julio.—Muere el capitán Pedro de Alvarado a consecuencia de los muy graves golpes que sufrió al caer su caballo en un barranco, en la guerra contra los indios de Mizton.

1529.
16 de julio.—El emperador Carlos V nombra a Cortés Marqués del Valle de Oaxaca, pero sin ratificarle el cargo de Capitán General y Justicia Mayor de Nueva España.

1529.
15 de agosto.—Fray Juan de Zumárraga envía subrepticiamente una carta a la Corte, conteniendo graves quejas y acusaciones en contra de la Primera Audiencia de la Nueva España. Se valió de un marinero vasco, quien metió la carta en un pan de cera que escondió en un barril con aceite.

1529.
20 de diciembre.—Beltrán Nuño de Guzmán sale de México para expedicionar hacia Occidente y, sobre todo, para escapar de las acusaciones que había en su contra por los graves desmanes que cometió junto con los oidores de la Primera Audiencia.

1530.
16 de febrero.—En Puruándiro, Mich., Nuño Beltrán

de Guzmán atormenta y asesina al monarca purépecha Caltzontzin por no haberle dado el oro que le exigía.

1530.

7 de marzo.—Graves disturbios en México. El obispo Zumárraga excomulga a los oficiales Reales Matienzo y Delgadillo por sus crímenes y abusos contra españoles e indígenas.

1530.

18 de abril.—El capitán Santiago de Oñate funda la villa del Espíritu Santo (Guadalajara) en Nochistlán, Jalisco.

1530.

30 de junio.—Carlos V dispone, en Real Cédula, que el bosque y el cerro de Chapultepec pasen a formar parte del patrimonio de la ciudad de México para solaz y esparcimiento de sus habitantes.

1530.

12 de julio.—Los oidores de la Primera Audiencia dictan órdenes para que los indios no posean caballos.

1530.

15 de julio.—Regresa Cortés de su primer viaje a España, ostentando ya el título nobiliario de Marqués del Valle de Oaxaca. Los oficiales Reales, Matienzo y Delgadillo, le impiden entrar a la ciudad de México. Se establece en Tezcoco.

1530.

16 de diciembre.—A tantas quejas del obispo Zumárraga, el emperador Carlos V ordena que Nuño

Beltrán de Guzmán sea relevado por una Segunda Audiencia, presidida por Sebastián Ramírez de Fuenleal y los oidores Vasco de Quiroga, Juan Salmerón, Alonso Maldonado y Francisco de Ceinos, brillantes y muy bien preparados humanistas, que realizaron una distinguida labor.

1530.
21 de diciembre.—Se inicia la construcción de la Catedral de México.

1531.
15 de abril.—Fray Toribio de Benavente (Motolinia) y el oidor Francisco de Ceinos, fundan la ciudad de Puebla de los Angeles, como lugar de reposo y abastecimientos para los viajeros que iban de México a Veracruz o viceversa.

1531.
25 de julio.—El cacique españolizado Fernando de Tapia funda la villa de Santiago de Querétaro.

1532.
19 de abril.—Diego Hurtado de Mendoza, enviado por Cortés para explorar el mar del Sur, sale de Acapulco y descubre las Islas Marías. La expedición de Hurtado de Mendoza es apresada por Nuño de Guzmán.

1532.
25 de abril.—Carlos V firma la cédula real que le otorga a Oaxaca la categoría de ciudad.

1533.
20 de junio.—La ciudad de Guadalajara es trasladada al valle de Tlacotán.

1533.
30 de septiembre.—Se da por terminada la acción militar para que el capitán Diego de Guzmán conquistara Sonora.

1535.
15 de abril.—Hernán Cortés encabeza una tercera expedición para explorar las costas de Sinaloa, Sonora y Baja California. Descubre el Mar de Cortés.

1535.
17 de abril.—En Barcelona, el emperador Carlos V firma la real cédula nombrando primer virrey de Nueva España a don Antonio de Mendoza.

1535.
3 de mayo.—Desembarca Cortés en el Seno de la Cruz. Afirman que Cortés dijo en latín: «Oh, Callida Fornax», quejándose del calor, y por ello a esas tierras se les llamó California.

1535.
15 de octubre.—Llega a México don Antonio de Mendoza, primer virrey de Nueva España.

1535.
Sebastián de Aparicio establece una carrocería en México, en la cual se hicieron las primeras carretas en el país. Después ingresó como lego en la orden religiosa de San Francisco.

1536.
6 de enero.—Se inaugura el Imperial Colegio de Santa Cruz de Santiago Tlaltelolco, plantel para jóvenes nobles indígenas. De él egresaron notables humanistas e historiadores. En esa institución im-

partió la cátedra el distinguido historiador e indigenista Fray Bernardino de Sahagún.

1536.
1 de abril.—Llegan a la villa de San Miguel de Culiacán los exploradores Alvar Núñez Cabeza de Vaca, Alonso Castillo Maldonado, Baltasar Dorantes de Carranza y un negro llamado Estebanico, sobrevivientes de la expedición a la Florida encabezada por Pánfilo de Narváez. Recorrieron en diez años los actuales territorios de la Louisiana, Texas, Arizona y Sonora.

1536.
11 de abril.—El virrey Mendoza funda la primera Casa de Moneda en México, acuñando piezas de vellón, mezcla de oro con cobre, que los indígenas rechazan por considerarlas muy corrientes.

1536.
15 de mayo.—Por órdenes de Nuño de Guzmán son remitidos a México, en calidad de prisioneros, Cabeza de Vaca y sus compañeros. En la capital del virreinato se propaga la noticia de la existencia de las regiones de Cíbola y Quivira, en las cuales —se afirmaba— había siete ciudades abundantes en oro y plata.

1536.
18 de octubre.—Llega a México la primera imprenta en el Continente. Junto con ella llegó el impresor italiano Juan Pablos. La primera obra que imprimió fue la **Escala espiritual para subir al cielo** de San Juan Clímaco, de la que no sobrevive ningún ejemplar.

1536.
18 de diciembre.—Con rumbo al Perú, Hernán Cor-

18 de octubre de 1536: Llega a la ciudad de México la primera imprenta que existió en el Continente Americano.

tés envía dos navíos al mando del capitán Hernando de Grijalva. Zarpan del puerto de Acapulco llevando mercancías para Pizarro y sus soldados. Llegan al puerto de Piura y emprenden el regreso. Uno de los navíos logró retornar a Acapulco, pero el otro, al explorar el Pacífico, llegó a las Molucas y naufragó. Posteriormente, sus tripulantes regresaron a la Nueva España.

1540.
20 de enero.—El capitán García de Cárdenas, miembro de la expedición a las fantásticas regiones de Cíbola y Quivira, a las órdenes de Francisco Vázquez de Coronado, descubre el Gran Cañón, en Colorado.

1540.
20 de octubre.—Fray Alonso de la Veracruz funda el Colegio de Tiripitío, Michoacán.

1541.
18 de mayo.—El virrey Antonio de Mendoza funda la ciudad de Valladolid, hoy Morelia.

1541.
1 de octubre.—Para librarla de los ataques de indios bárbaros se resuelve trasladar la ciudad de Guadalajara al valle de Atemajac, donde actualmente se asienta.

1541.
15 de diciembre.—El virrey Mendoza termina con la rebelión de los indios de Nochistlán y de Mizton.

1542.
6 de enero.—Francisco de Montejo, sobrino, funda

en Yucatán la ciudad de Mérida, en el lugar donde estaba la población maya llamada T-ho.

1544.
8 de marzo.—Llega a Nueva España el visitador Francisco Tello de Sandoval, con el fin de poner en vigor las nuevas Leyes de Indias, pero los encomenderos lo obligaron a no cumplir con el mandato.

1546.
8 de septiembre.—El capitán Francisco de Ibarra funda el Real de Minas de Zacatecas.

1547.
2 de diciembre.—Muere Hernán Cortés en Castilleja de la Cuesta, España. En su testamento dispuso que sus restos fueran trasladados al convento de San Francisco de Tezcuco, México.

1548.
13 de febrero.—Se crea la Audiencia de Guadalajara.

1548.
3 de junio.—Fray Juan de Zumárraga, primer obispo de México, muere en México.

1548.
21 de junio.—El emperador Carlos V otorga el título de «Muy Noble y Muy Leal» a la ciudad de México, como premio por haber alistado tropas para ser enviadas al Perú a sofocar la guerra civil entre los partidarios de Francisco Pizarro y de Diego de Almagro.

1550.
20 de mayo.—Muere, en Torrejón de Velasco, Es-

paña, pobre y olvidado, el licenciado Beltrán Nuño de Guzmán, feroz conquistador del Occidente de México. En 1538 fue remitido a España como prisionero, acusado de graves cargos.

1550.
28 de noviembre.—Recibe el gobierno de la Nueva España don Luis de Velasco, padre, segundo virrey. Liberó a miles de indígenas que trabajaban en las minas como esclavos. Fundó el Tribunal de la Santa Hermandad para perseguir y castigar a los bandoleros que asolaban el país. México sufrió una grande inundación, por lo que Velasco mandó construir una albarrada para evitarlas. Fundó la Universidad y las poblaciones de San Felipe de Ixtlahuaca y San Miguel el Grande. Juró al rey Felipe II, por abdicación de Carlos V. Durante su gobierno un minero de Pachuca, Bartolomé de Medina, inventó el sistema de amalgama al mezclar mercurio con el mineral argentífero, lo que permitió que las minas rindieran más. Envió la expedición de don Miguel López de Legaspi a través del Océano Pacífico para conquistar las islas Filipinas.

1551.
21 de septiembre.—Carlos V firma la cédula para fundar la Real y Pontificia Universidad de México, con iguales títulos que la de Salamanca, en España.

1552.
21 de junio.—Muere en Lima, Perú, don Antonio de Velasco, que fuera primer virrey de Nueva España, cargo que desempeñaba en ese país, al que fue trasladado para arreglar los asuntos de Estado y regular la vida de aquel intranquilo virreinato.

1552.
22 de noviembre.—Juan de Jaso descubre la primera mina de Guanajuato.

1553.
25 de enero.—Se inauguran los cursos en la Universidad de México.

1554.
21 de noviembre.—Se funda la Escuela de Derecho en México.

1556.
8 de enero.—En la plaza de Armas de México muere quemado vivo don Luis de Carvajal, por no haberse retractado de practicar la religión judía. Lo ejecutó la Inquisición, tribunal que desde 1522 funcionaba en Nueva España.

1557.
5 de junio.—Se jura en México a Felipe II como Rey de España. Nació en 1527 en Valladolid, España.

1557.
Agosto.—El minero sevillano Bartolomé de Medina, residente en Pachuca, inventa el llamado Beneficio de Patio o de Amalgama.

1560.
21 de diciembre.—Muere en México el insigne educador fray Pedro de Gante, cuyo verdadero apellido era Van der Moor. Vino a México inmediatamente después de la Conquista, con sus compatriotas belgas Fray Juan de Tecto y Fray Juan de Aora.

1561.
24 de febrero.—Se le otorga a Puebla el título de ciudad.

1563.
25 de enero.—Llegan a México los hijos de Hernán Cortés: don Martín Cortés, Marqués del Valle de Oaxaca; don Martín Cortés y Monroy, hijo de doña Marina y don Luis Cortés y Hermosilla. Fueron recibidos con grandes fiestas, por lo cual se hicieron sospechosos a las autoridades.

1563.
15 de mayo.—Alonso de Pacheco funda la ciudad de Durango.

1564.
21 de noviembre.—Sale una expedición a las islas Molucas, al mando de don Miguel López de Legaspi a quien auxiliaba el padre Andrés de Urdaneta. Zarpó del puerto de Navidad y llegó a las islas Filipinas.

1565.
1 de junio.—La expedición dirigida por fray Andrés de Urdaneta sale de la isla de Cebú, en el archipiélago filipino, en viaje de regreso a la Nueva España. Llega a Acapulco el 8 de octubre.

1566.
16 de julio.—Los hijos de Hernán Cortés son arrestados y sujetos a tormento bajo la acusación de que iban a levantarse para lograr un gobierno independiente en Nueva España. Por la misma causa fueron decapitados sus amigos, los hermanos Alonso y Gil González de Avila.

1566.
31 de julio.—En Atocha, España, muere el fraile dominico Fray Bartolomé de las Casas, gran defensor de los indios y primer obispo de Chiapas.

1566.
17 de septiembre.—Recibe el gobierno de la Nueva España el tercer virrey, don Gastón de Peralta, marqués de Falces. De inmediato ordena se suspenda todo procedimiento en contra de los hijos de Cortés.

1568.
8 de enero.—Cristóbal de Oñate, uno de los conquistadores del occidente de México, muere ahorcado acusado de rebelión.

1568.
16 de septiembre.—El corsario inglés John Hawkins ataca Veracruz. Lo derrota la flota española y le hace muchos prisioneros, quienes estuvieron presos en México hasta ser castigados en un auto de fe en 1574.

1568.
5 de noviembre.—Recibe el gobierno de la Nueva España el cuarto virrey, don Martín Enríquez de Almanza. Desalojó a los corsarios ingleses de la isla de Sacrificios y fue un gobernante honrado y trabajador. Estableció la alcabala y, oficialmente, la Inquisición.

1570.
16 de diciembre.—Se estableció el servicio de galeones de Manila a Acapulco.

1571.
28 de julio.—Se instaura en México el Santo Oficio o Tribunal de la Inquisición. Su primer presidente fue el arzobispo de México, don Pedro de Moya y Contreras. Los indios no podían ser juzgados por este tribunal.

1572.
25 de septiembre.—Llegan a México los primeros jesuitas, quince en total, junto con el provincial doctor Pedro Sánchez.

1573.
1 de enero.—Los jesuitas fundan el Colegio de San Pedro y San Pablo en México. Después se le llamó de San Ildefonso.

1573.
1 de diciembre.—Decreto de Felipe II ordenando se dotara a los pueblos de indios de tierras, montes y aguas, para incrementar la agricultura.

1574.
1 de abril.—El virrey Enríquez de Almanza establece el pago de impuesto de «alcabala» por parte de todos los comerciantes. Ascendía a un dos por ciento sobre el valor de venta del artículo.

1574.
15 de abril.—Primer auto de fe en México practicado por la Inquisición; en éste se quemaron vivos a tres reos, a otros se les impuso prisión perpetua y a otros se les otorgó la libertad. El acto se efectuó en las calles del Empedradillo.

1576.
16 de abril.—Se presenta el caso original de viruela o **matlazáhuatl,** lo que provoca una terrible epidemia que, según cálculos, mató a unos dos millones de indígenas.

1576.
25 de abril.—Luis de Lieja, originario de los Países

Bajos (Bélgica y Holanda), funda la villa de San Luis Potosí. En 1656 el virrey Alburquerque la elevó a la categoría de ciudad.

1577.

22 de enero.—El capitán Alberto del Canto funda la villa de Santiago del Saltillo.

1578.

21 de junio.—En la Universidad de México se funda la cátedra de Medicina.

1580.

3 de octubre.—Nace en Taxco, del hoy estado de Guerrero, el gran comediógrafo don Juan Ruiz de Alarcón, gloria de las Letras Españolas del Siglo de Oro. Su obra "La Verdad Sospechosa" sirvió de fuente directa a Corneille. También parece hallarse en "El Tejedor de Segovia" el personaje central de "Los Bandidos", de Schiller. Siendo relator del Consejo de Indias, murió el 4 de agosto de 1639 en Madrid.

1580.

4 de octubre.—Recibe el gobierno de la Nueva España el quinto virrey, don Lorenzo Suárez de Mendoza, conde de la Coruña, muy anciano y enfermo. Murió el 19 de junio de 1583. Trató de trasladar la capital a Tacubaya, pero resultaba muy costoso.

1584.

25 de septiembre.—Recibe el gobierno de la Nueva España el sexto virrey, don Pedro de Moya y Contreras. Reunió en su persona las facultades de virrey, arzobispo e inquisidor. Se dedicó a aumentar las rentas públicas para hacer fuertes remesas al rey, por lo que le valió ser promovido a presidente del Real Consejo de Indias.

1585.

17 de octubre.—Recibe el gobierno de Nueva España el séptimo virrey, don Alvaro Manrique de Zúñiga, marqués de Villa-Manrique. Su afabilidad le valió muchas simpatías, pero también serias dificultades por que los frailes se negaron a entregar algunos curatos a los religiosos seculares y porque la Audiencia de Guadalajara quiso actuar con independencia del gobierno virreinal. Guadalajara y México levantaron tropas para enfrentarse, por lo que motivó la intervención del obispo Fray Domingo de Arzola para evitar un combate en Analco. Enterado el rey Felipe II, mandó relevar al virrey para que se presentara en la Corte a explicar los hechos.

1586.

18 de octubre.—El corsario inglés sir Francis Drake se apodera del galeón de Manila, a la altura del cabo San Lucas, apoderándose de ricos tesoros.

1590.

27 de enero.—Recibe el gobierno de la Nueva España el octavo virrey, don Luis de Velasco (hijo). Protegió la industria de hilados y tejidos; inauguró el paseo de la Alameda y activó los trabajos de fortificación de San Juan de Ulúa. Fue nombrado presidente del Real Consejo de Indias como premio a su magnífica labor en México.

1590.

15 de mayo.—En la Nueva España se fundan las primeras fábricas de hilados y tejidos de lana.

1592.
11 de enero.—El virrey Velasco ordena que se haga la Alameda de México.

1592.
15 de junio.—Se crea el Consulado de Nueva España como institución administrativa.

1595.
15 de noviembre.—Recibe el gobierno de la Nueva España el noveno virrey, don Gaspar de Zúñiga y Acevedo, conde de Monterrey. Fue quien envió la expedición dc Sebastián Vizcaíno, el cual denominó Monterrey a la bahía de alta California (igualmente se llamó Monterrey a la capital del Nuevo Reino de León). Durante su gobierno murió el rey Felipe II. Durante su mandato Veracruz fue trasladado de La Antigua al lugar que actualmente ocupa. Sofocó una rebelión de los indios de Topia, Durango.

1596.
20 de septiembre.—Diego de Montemayor funda la ciudad de Monterrey, en el Nuevo Reino de León.

1598.
13 de septiembre.—En San Lorenzo del Escorial muere el rey Felipe II. La noticia llegó a México a mediados de octubre. El rey Felipe III fue jurado en la capital de la Nueva España hasta julio de 1599.

1599.
15 de octubre.—Se inician los trabajos de traslado de la ciudad de Veracruz, ubicada entonces en La Antigua, frente a San Juan de Ulúa.

1600.
11 de junio.—Se inaugura el servicio de diligencias

a Veracruz. La concesión le fue dada a don Manuel Estrada.

1600.
2 de octubre.—Los naturales de Topia, Durango, se insurreccionan por el duro trato y constantes vejaciones de que son objeto por parte de los españoles. El obispo de Guadalajara, Alonso de la Mota, logra pacificar a los sublevados.

1603.
27 de octubre.—Recibe el gobierno de la Nueva España el décimo virrey, don Juan Mendoza y Luna, marqués de Montes Claros. Construyó diques y calzadas para defender a la ciudad de inundaciones. Empezó a empedrar las calles y dio libertad a los indios para irse a vivir a sus tierras. Construyó el acueducto de Chapultepec.

1605.
12 de enero.—Del puerto de San Blas zarpa una expedición al mando de Juan de Oñate, con el fin de explorar el mar de Cortés hasta la desembocadura del río Colorado.

1607.
2 de julio.—Nuevamente don Luis de Velasco, hijo, recibe el virreinato de la Nueva España. Es el decimoprimer virrey.

1608.
17 de septiembre.—El virrey Velasco inaugura las obras de desagüe del Valle de México.

1609.
9 de febrero.—Rebelión de esclavos negros en la

11 de junio de 1600: Se inaugura el servicio de diligencias entre las ciudades de México y Veracruz.

región de Córdoba, Veracruz, encabezados por Antonio Yanga y Francisco de la Matosa, debido al brutal trato que reciben de los españoles. Sabiendo que tenían razón, el virrey Velasco los liberta y les permite fundar un pueblo llamado San Lorenzo de los Negros, la actual Yanga.

1611.
4 de marzo.—Del puerto de Acapulco salen tres navíos, a las órdenes del capitán Juan Sebastián Vizcaíno. Tratan de llegar al Japón, pero el mal tiempo y otras vicisitudes los obligan a regresar. Vizcaíno murió en México en junio de 1613. Según el barón de Humboldt, Vizcaíno fue uno de los mejores marinos de su tiempo.

1611.
19 de junio.—Recibe el gobierno de Nueva España el decimosegundo virrey, fray García Guerra, arzobispo de México. Amplió las obras de desagüe de la ciudad de México. Murió en febrero de 1612.

1612.
12 de abril.—En el mineral de Tlalpujahua, en México, ahorcan y descuartizan a veintiún negros, acusados de encabezar una pretendida sublevación.

1612.
18 de octubre.—Recibe el gobierno de Nueva España el decimotercer virrey, don Diego Fernández de Córdoba, marqués de Guadalcázar. Contrató al ingeniero francés Adrián Boot para que se encargara de las obras del desagüe. Durante su mandato los indios tepehuanes se rebelaron en 1616 y asesinaron a los misioneros jesuitas. El gobernador de la Nueva Vizcaya, don Gaspar Alvear, logró some-

terlos con la ayuda de muchos milicianos. Concluyó la arquería del acueducto de Chapultepec hasta el Salto del Agua; constaba de novecientos arcos. En honor del virrey se le llamó Sierra de Guadalcázar a la cadena montañosa de San Luis Potosí.

1613.
15 de diciembre.—Se funda la población de Lerma, en honor del duque de Lerma, protector del virrey Guadalcázar.

1618.
26 de abril.—Se funda la villa de Córdoba, en Veracruz.

1620.
15 de julio.—En Acapulco se inicia la construcción de la fortaleza de San Diego.

1621.
12 de septiembre.—Recibe el gobierno de la Nueva España el decimocuarto virrey, don Diego Carrillo Mendoza y Pimentel, marqués de Gélvez y conde de Priego, quien tuvo graves dificultades con el arzobispo de México, don Juan Pérez de la Serna, motivadas por la serie de abusos y negocios que éste cometía. El arzobispo logró sublevar al populacho al poner en «entredicho» a la ciudad de México. El virrey salió sigilosamente de México y se embarcó a España.

1621.
29 de noviembre.—Primera cátedra de cirugía en la Universidad de México, impartida por el médico mexicano Cristóbal Hidalgo y Bandaval.

1623.

13 de junio.—La ciudad de México sufre una gran inundación al desbordarse las aguas del río de Cuautitlán, cuyo dique fue roto por orden del virrey Gélves.

1624.

15 de enero.—El arzobispo Pérez de la Serna incita a un motín en contra del virrey Gélves.

1624.

3 de noviembre.—Recibe el gobierno de la Nueva España el decimoquinto virrey, don Rodrigo Pacheco Osorio, marqués de Cerralvo.

1628.

15 de diciembre.—En el canal de Bahamas son capturados por el almirante holandés Pedro Hein unos barcos españoles que transportaban ocho millones de pesos en oro.

1633.

17 de abril.—Los corsarios holandeses ocupan la ciudad de Campeche, pero fueron rechazados por doscientos milicianos a las órdenes del capitán Francisco Maldonado.

1633.

12 de agosto.—Corsarios holandeses, al mando del capitán Jean de Fors, saquean Campeche.

1635.

16 de septiembre.—Recibe el gobierno de Nueva España el decimosexto virrey, don Lope Díez de Armendáriz, marqués de Cadereyta. Durante su gobierno se estableció la armada de Barlovento, estacionada en Veracruz, para proteger al comercio de la piratería. Fundó en Nuevo León la villa de Cadereyta.

1639.

28 de agosto.—Fundación de San Felipe el Real de Chihuahua.

1640.

28 de agosto.—Recibe el gobierno de la Nueva España el decimoséptimo virrey, don Diego López Pacheco Cabrera y Bobadilla, marqués de Villena y duque de Escalona. Mandó una expedición a California con Luis Cetín de Canas y con misioneros jesuitas. Como en 1640 se produjo una conjura en Lisboa para independizar a Portugal; como el virrey pertenecía a una familia portuguesa, el obispo de Puebla, don Juan de Palafox y Mendoza, lo acusó y lo hizo detener para enviarlo a España. Don Diego probó la falsedad de los cargos y se le nombró virrey de Sicilia.

1642.

10 de junio.—Recibe el gobierno de la Nueva España el decimoctavo virrey, don Juan Palafox y Mendoza, obispo de Puebla. Arregló los programas de la Universidad y para la seguridad de México levantó doce compañías de milicias.

1642.

23 de noviembre.—Recibe el gobierno de la Nueva España el decimonono virrey, don García Sarmiento de Sotomayor, conde de Salvatierra. Durante su gestión se llevó a cabo un auto de fe y fue castigado con azotes el impostor don Martín de Villavicencio (Martín Garatuza).

1644.
9 de febrero.—El virrey García Sarmiento emite la cédula que ordena fundar Salvatierra, en el actual estado de Guanajuato.

1645.
14 de agosto.—Nace en la ciudad de México don Carlos de Sigüenza y Góngora, una de las mentes más cultivadas de la Nueva España. Todo el saber humano, la poesía, la astronomía, la cosmografía, la filosofía, etc., fueron de su dominio, tal como lo revela su riquísima bibliografía. Murió el 22 de agosto de 1700.

1648.
13 de mayo.—Recibe el gobierno de la Nueva España el vigésimo virrey, don Marcos de Torres y Rueda, aunque sin nombramiento oficial. Durante su gobierno se hizo el auto de fe en que fue quemado vivo el judío portugués Tomás Treviño.

1649.
14 de abril.—Los indios tarahumaras se sublevan contra el mal trato que reciben. Después de una enérgica campaña se estableció la paz.

1650.
28 de junio.—Recibe el gobierno de la Nueva España el vigésimo primer virrey, don Luis Enríquez de Guzmán, conde de Alba de Liste y marqués de Villaflor.

1650.
30 de junio.—Doña Catalina de Erauzo, la Monja Alférez, muere en Cuitlaxtla.

1650.

14 de julio.—Sale de Zacatecas el capitán Hernán Martín al mando de una expedición con destino a Texas y llega hasta el río Nanchez.

1651.

12 de noviembre.—Nace en la hacienda de San Miguel Nepantla (del actual estado de México) doña Juana de Asbaje y Ramírez de Santillana (Sor Juana Inés de la Cruz). Maravillosa flor de discreción y hermosura, según la califica Alfonso Méndez Plancarte, Sor Juana es consagrada en España como "la Unica Poetisa, Musa Décima", en honor a la excelencia y genialidad de su obra. Murió el 17 de abril de 1695 en la capital de la Nueva España.

1653.

15 de agosto.—Recibe el gobierno de la Nueva España el vigésimo segundo virrey, don Francisco Fernández de la Cueva, duque de Alburquerque. Organizó una expedición para atacar a los ingleses en Jamaica, pero no tuvo éxito. Durante su gestión fueron quemados vivos, en la plazuela de San Lázaro, trece sodomitas. Fue atacado por el soldado madrileño Manuel Ledesma, que al día siguiente fue ahorcado.

1655.

3 de agosto.—En Sinaloa se funda la villa de El Rosario.

1659.

15 de noviembre.—Después de diecisiete años de prisión fue quemado don Guillén de Lampart, acusado de pretender independizar la Nueva España.

1659.
8 de diciembre.—Se funda Paso del Norte, hoy Ciudad Juárez, Chihuahua.

1660.
7 de febrero.—En Nuevo México se funda la villa de Alburquerque.

1660.
16 de septiembre.—Recibe el gobierno de la Nueva España el vigésimo tercer virrey, don Juan de Leiva y de la Cerda, marqués de Leiva y de La Labrada y conde de Baños. En general, gobernó mal. Alistó tropas para rechazar un posible desembarco de ingleses que se habían apoderado de La Habana.

1664.
29 de junio.—Recibe el gobierno de la Nueva España el vigésimo cuarto virrey, don Diego Osorio de Escobar y Llamas, obispo de Puebla. Gobernó hasta el 16 de septiembre de ese mismo año.

1664.
15 de octubre.—Recibe el gobierno de la Nueva España el vigésimo quinto virrey, don Antonio Sebastián de Toledo, marqués de Mancera. Se ocupó de fortificar y poner en estado de defensa el puerto de Veracruz contra los piratas.

1665.
Septiembre.—Hace erupción el volcán Popocatépetl.

1665.
17 de septiembre.—Muere en Madrid el rey Felipe IV. En México, sus exequias duraron hasta el 23 de junio de 1666.

1666.
23 de julio.—En México fue jurado el nuevo rey de España, Carlos II.

1670.
23 de mayo.—En la batalla de La Limonada, en Santo Domingo, se distinguieron las tropas mexicanas que fueron enviadas para expulsar a los franceses.

1673.
8 de diciembre.—Recibe el gobierno de la Nueva España el vigésimo sexto virrey, don Pedro Nuño Colón de Portugal, duque de Veraguas y marqués de Jamaica. Caballero del Toisón de Oro. Murió muy anciano y enfermo el día 13 de diciembre de 1673 en la ciudad de México.

1673.
13 de diciembre.—Recibe el gobierno de la Nueva España el vigésimo séptimo virrey, fray Payo Enríquez de Ribera, agustino, obispo de México.

1675.
5 de junio.—Por primera vez se acuñan monedas de oro en la Casa de Moneda de México.

1678.
22 de septiembre.—Los corsarios ingleses saquean Campeche.

1679.
16 de octubre.—Guanajuato es erigida en villa.

1680.
30 de noviembre.—Recibe el gobierno de Nueva Es-

paña el vigésimo octavo virrey, don Tomás Antonio de la Cerda y Aragón, conde de Paredes y marqués de la Laguna, quien se ocupó en aumentar la población de Nuevo México, dándole a Santa Fe el título de ciudad.

1681.
3 de mayo.—Llega a Nueva España el jesuita Fray Eusebio Kino, colonizador de Sonora y California.

1683.
17 de mayo.—Al mando de Lorenzo Jácome **(Lorencillo el Pirata),** seiscientos piratas se apoderan y saquean Veracruz, donde permanecen hasta el día 23.

1684.
12 de julio.—En la ciudad de México es ahorcado el impostor don Antonio de Benavides, alias **El Tapado.**

1686.
30 de noviembre.—Recibe el gobierno de la Nueva España el vigésimo nono virrey, don Melchor Portocarrero, conde de Monclova. Amplió el acueducto de Chapultepec y fundó la villa de Monclova.

1688.
20 de noviembre.—Recibe el gobierno de Nueva España el trigésimo virrey, don Gaspar de Sandoval y Silva y Mendoza, conde Galve, quien hizo reconocer el litoral de Texas y expulsó a los franceses de ese territorio.

1692.
8 de junio.—Tumulto en la ciudad de México por

la escasez de maíz. La gente apedreó el palacio de los virreyes e incendió el archivo. Don Carlos de Sigüenza y Góngora logró salvar los libros principales.

1693.
14 de agosto.—Don Carlos de Sigüenza y Góngora publica **El Mercurio Volante,** primer periódico en la Nueva España.

1695.
17 de abril.—Por contagio durante una epidemia, muere en la ciudad de México Sor Juana Inés de la Cruz.

1696.
27 de febrero.—Recibe el gobierno de la Nueva España el trigésimo primer virrey, don Juan de Ortega y Montañez, obispo de Michoacán. Durante su gestión se establecieron definitivamente las misiones jesuitas en California, con los padres Eusebio Kino y Juan María Salvatierra. En México se produjo un motín de estudiantes, quienes quemaron la picota de la plaza Mayor.

1696.
15 de agosto.—En el convento jesuita de Tepozotlán, los padres Kino y Salvatierra fundan el «Fondo Piadoso de California», para continuar la colonización de esa lejana región.

1696.
18 de diciembre.—Recibe el gobierno de la Nueva España el trigésimo segundo virrey, don José Sarmiento y Valladares, conde Moctezuma y de Tula. Durante su mandato murió el último rey español de la Casa de Habsburgo, Carlos II el **Hechizado.** Sarmiento fue quien dispuso el consumo del pulque.

1697.
20 de octubre.—Erupción del volcán Popocatépetl.

1698.
14 de agosto.—El capitán Diego Carrasco y el padre Eusebio Kino fundan en Sonora el puerto de San José de Guaymas.

1699.
14 de junio.—Auto de fe en Santo Domingo, con diecisiete reos. Fue quemado el judío don Fernando de Molina, alias Alberto Moisés Gómez.

1700.
22 de agosto.—En el Hospital del Amor de Dios (actual Academia de San Carlos), falleció el licenciado don Carlos de Sigüenza y Góngora, gloria de las letras mexicanas.

1701.
7 de marzo.—Se hizo la jura del rey Felipe V, primer monarca Borbón en España.

1701.
4 de noviembre.—Recibe el gobierno de la Nueva España el trigésimo tercer virrey, don Juan de Ortega y Montañez, arzobispo de México, quien gobierna por segunda vez.

1702.
2 de julio.—La flota de Nueva España es atacada en Vigo por ingleses y holandeses. Al hundirse algunos navíos se perdieron diecisiete millones de pesos de oro.

1702.
3 de octubre.—En Veracruz se establece el mer-

cado francés de esclavos negros para venderlos en Nueva España.

1702.
27 de noviembre.—Recibe el gobierno de la Nueva España el trigésimo cuarto virrey, don Francisco Fernández de la Cueva Enríquez, duque de Alburquerque. Durante su gobierno se consagró la Colegiata del Santuario de Guadalupe.

1709.
12 de octubre.—Se funda San Francisco de Cuéllar; posteriormente se le llamó Chihuahua. Fue erigida villa en 1718 y ciudad en 1823.

1711.
15 de enero.—Recibe el gobierno de la Nueva España el trigésimo quinto virrey, don Fernando Alencastre Noroña y Silva, duque de Linares y marqués de Valdefuentes.

1711.
15 de marzo.—En Magdalena, Sonora, muere el padre jesuita Eusebio Kino. Nació en Trento, Tirol austriaco, en 1644. Exploró todo Sonora, Baja California y California.

1711.
16 de agosto.—Tembló fuertemente en México durante media hora y hubo muchos estragos.

1711.
3 de septiembre.—En el Nuevo Reino de León se funda la colonia de San Felipe de Linares.

1716.
16 de agosto.—Recibe el gobierno de la Nueva

España el trigésimo sexto virrey, don Baltasar de Zúñiga, marqués de Valero y duque de Arión.

1718.

16 de junio.—El virrey, marqués de Valero, fue agredido en las escaleras de Palacio por un individuo llamado Nicolás Camacho. Fue detenido y resultó loco por lo que se le envió al hospital de San Hipólito.

1720.

21 de diciembre.—Se establece el sistema de «flotas», reunión de barcos mercantes escoltados por barcos de guerra. Salían de Veracruz a las islas Canarias y de allí otra escolta los llevaba a Sevilla.

1722.

15 de octubre.—Recibe el gobierno de la Nueva España el trigésimo séptimo virrey, don Juan de Acuña, marqués de Casafuerte.

1724.

9 de febrero.—Renuncia a la corona de España el rey Felipe V en favor de su hijo don Luis, quien murió el 31 de agosto, reasumiendo el gobierno Felipe V.

1728.

1 de enero.—Comienza a publicarse la **Gaceta de México,** bajo la dirección de don Francisco Sahagún de Arévalo.

1734.

17 de marzo.—Recibe el gobierno de la Nueva España el trigésimo octavo virrey, don Juan Antonio de Vizarrón y Eguiarreta, arzobispo de México. Durante

15 de agosto de 1696: Se toman las medidas necesarias para continuar la colonización de Las Californias.

su gobierno se produjo una epidemia de viruela que afectó a más de cuarenta mil gentes.

1740.
17 de agosto.—Recibe el gobierno de la Nueva España el trigésimo noveno virrey, don Pedro de Castro y Figueroa, duque de la Conquista y marqués de Casa Real. Habiéndose reanudado la guerra con Inglaterra, amplió las fortificaciones de San Juan de Ulúa y levantó en Veracruz un regimiento de infantería de marina con el nombre de La Corona. Murió en México.

1742.
3 de noviembre.—Recibe el gobierno de la Nueva España el cuadragésimo virrey, don Pedro Cebrián y Agustín, conde de Fuenclara. Reparó y amplió el acueducto de Chapultepec; compuso el empedrado de las calles y cuidó su aseo. En 1743, el almirante inglés Anson apresó el galeón de Manila **Nuestra Señora de Covadonga,** con un cargamento que pasaba de un millón y medio de pesos.

1744.
5 de marzo.—Don José de Escandón sale de México para colonizar el Nuevo Santander (hoy Tamaulipas).

1744.
Abril—Se calcula el número aproximado de habitantes de la Nueva España, dando por resultado que existen 3,865,000 habitantes.

1745.
2 de junio.—El caballero italiano don Lorenzo Boturini es puesto en prisión. Le decomisan sus papeles, los cuales formaban un museo de interesantísimas

noticias sobre la historia antigua de México. Boturini fue enviado a España y ahí fue puesto en libertad.

1746.
9 de julio.—Recibe el gobierno de la Nueva España el cuadragésimo primer virrey, don Francisco de Güemes y Horcasitas, primer conde de Revillagigedo. Durante su gobierno, don José de Escandón colonizó Nuevo Santander (Tamaulipas), fundando once pueblos y cuatro misiones. Como premio, a Escandón se le dio el título de conde de Sierra Gorda. Revillagigedo mejoró mucho la administración de la hacienda pública.

1746.
9 de julio.—En Madrid muere el rey Felipe V. Recibe el trono su hijo Fernando VI.

1746.
15 de septiembre.—Don Lorenzo Boturini publica en Madrid su libro **Idea de una nueva historia general de la América Septentrional.** Muchos datos los consigna de memoria, pues la mayoría de sus documentos se extraviaron cuando le fueron decomisados en México.

1747.
3 de marzo.—En territorio del Nuevo Reino de León se descubre el mineral de La Iguana. En un principio dio bastante plata, pero muy pronto se agotó la veta.

1750.
8 de julio.—Se descubren las ruinas mayas de Palenque. En la base de la pirámide está inscrita la

fecha 692, año en que tal vez se inició su construcción.

1753.

8 de mayo.—Nace en la Hacienda de Corralejo, jurisdicción de Pénjamo, Guanajuato, el señor cura don Miguel Hidalgo y Costilla.

1755.

10 de noviembre.—Recibe el gobierno de la Nueva España el cuadragésimo segundo virrey, don Agustín de Ahumada y Villalón, marqués de las Amarillas.

1758.

7 de junio.—En Michoacán hace erupción el volcán del Jorullo.

1759.

9 de diciembre.—Carlos III es jurado en México como rey de España.

1760.

28 de abril.—Como interino, por pliego de mortaja dejado por el marqués de las Amarillas, recibe el gobierno de la Nueva España el cuadragésimo tercer virrey, don Francisco Cajigal de la Vega. En el poco tiempo de su gobierno se ocupó de componer la Plaza Mayor.

1760.

6 de octubre.—Recibe el gobierno de la Nueva España el cuadragésimo cuarto virrey, don Joaquín de Montserrat, marqués de Cruillas. Se ocupó en levantar muchas tropas para rechazar una posible invasión inglesa. Fue el creador del ejército virreinal.

1761.

20 de noviembre.—En Sisteil, Yucatán, el panadero Jacinto Canek encabeza una rebelión de indígenas contra maltratos y tributos. Hecho prisionero, lo atormentaron y descuartizaron en Valladolid, de la capitanía de Yucatán.

1765.

2 de agosto.—Llega a la Nueva España el visitador don José de Gálvez. Destituye al virrey Cruillas; crea el estanco del tabaco; divide a la Nueva España en Intendencias y Provincias y recorre todo el territorio reorganizando la administración. En premio recibe el título de marqués de la Sonora.

1765.

30 de septiembre.—Nace en Valladolid, Michoacán, don José María Morelos.

1765.

18 de octubre.—Nace en Monterrey, del Nuevo Reino de León, el gran pensador, político y escritor Fray Servando Teresa de Mier.

1766.

25 de agosto.—Recibe el gobierno de la Nueva España el cuadragésimo quinto virrey, don Carlos Francisco de Croix, marqués de Croix.

1767.

25 de junio.—Por orden del rey Carlos II son expulsados los jesuitas de todas las posesiones españolas. El virrey, marqués de Croix, mandó aprehender a todos los religiosos de esa Orden, quienes fueron conducidos a Veracruz y de allí enviados a Italia. Entre los expulsados iban los padres Andrés

Cavo, Francisco Javier Clavijero, Francisco Javier Alegre, hombres de ciencia muy distinguidos. Se clausuró el Colegio de San Ildefonso y los bienes de los jesuitas pasaron a depender del fisco.

1768.
17 de marzo.—Real Orden por la que se establece el Colegio de Cirugía en el Hospital Real de Indios de México. Como regente se nombró a don Andrés Montaner y como director a don Manuel Moreno, rector del Colegio de Cádiz.

1768.
8 de septiembre.—Nace doña Josefa Ortiz de Domínguez en Valladolid (hoy Morelia). Fue de familia acomodada, que la envió a la capital del virreinato, donde se educó en el Colegio de las Vizcaínas y de ahí salió para contraer matrimonio con don Miguel Domínguez, en 1791. De recio carácter aunque bondadosa y caritativa a la vez, tuvo una participación decisiva en los inicios de la lucha por la Independencia. Murió en la ciudad de México el 2 de marzo de 1829.

1771.
18 de mayo.—Por orden muy reservada del gobierno español se redujo la ley de plata a la moneda, quedando a 7.12 por ciento.

1771.
23 de septiembre.—Recibe el gobierno de la Nueva España el cuadragésimo sexto virrey, Fray Antonio de Bucareli y Ursúa, Bailío de la Orden de San Juan. Fue de los mejores virreyes que tuvo la Nueva España. Fundó el Hospicio de Pobres, un hospital para dementes; estableció el Tribunal de Minería; terminó

de construir y artillar la fortaleza de San Diego, en Acapulco; embelleció a la ciudad de México abriendo una gran avenida que se llamó Paseo Nuevo (actual calle de Bucareli); arregló preciosamente la Alameda. Bucareli murió en la ciudad de México el 9 de abril y fue sepultado en la Colegiata de Guadalupe.

1773.

31 de julio.—Nace en Tlalpujahua, Maravatío, Michoacán, el licenciado don Ignacio López Rayón, ministro de Despacho del gobierno de Hidalgo. Estableció la primera Junta de Gobierno Insurgente en Zitácuaro.

1774.

2 de junio.—Real cédula por la que se aprueba la fundación del Monte Pío por don Pedro Romero de Terreros, primer Conde de Regla.

1774.

4 de noviembre.—En la ciudad de Oaxaca, Oax., nace don Carlos María de Bustamante. Historiador, periodista y político, Bustamante figuró en el Congreso de Chilpancingo; fundó el **Diario de México,** primer cotidiano que se publicó en la Nueva España; ocupó casi ininterrumpidamente durante veinticuatro años el cargo de diputado y escribió una copiosa obra, dentro de la cual destaca su **Cuadro histórico de la Revolución de la América mexicana** y sus libros sobre Iturbide, Bustamante y Santa Anna. Toda su producción fue muy criticada por hombres como Guillermo Prieto y Lorenzo de Zavala. Falleció en la capital de la República el día 21 de septiembre de 1848.

1775.
15 de febrero.—Don Pedro Romero de Terreros, conde de Regla, funda en la ciudad de México el Monte de Piedad.

1776.
15 de noviembre.—Nace en la ciudad de México el poeta, fabulista, dramaturgo, novelista y periodista, José Joaquín Fernández de Lizardi ("El Pensador Mexicano"), cuya vida y obra son fecundísimas. Es el creador del género de la novela en Hispanoamérica. Muere en la capital el 21 de junio de 1827.

1777.
20 de enero.—El virrey Bucareli inaugura el hospital para dementes.

1778.
1 de agosto.—Se funda en México la Real Escuela de Cirugía.

1779.
21 de enero.—Nace en San Miguel el Grande, de la Intendencia de Guanajuato, don Ignacio María de Allende, héroe de la Independencia.

1779.
12 de febrero.—De San Blas, Nayarit, zarpan las fragatas **Princesa** y **Favorita** para explorar la costa del Pacífico, por órdenes del virrey Bucareli. La expedición llegó hasta Alaska.

1779.
23 de agosto.—Interinamente, se hace cargo del gobierno de la Nueva España el cuadragésimo sép-

timo virrey, don Martín de Mayorga. Por haber estado en guerra contra los ingleses debido a que España apoyó a las trece colonias norteamericanas en la lucha por su independencia, en Veracruz se tomaron providencias y se combatió al enemigo en Belice.

1781.
4 de noviembre.—Inauguración de la Academia de San Carlos, de Bellas Artes.

1783.
20 de abril.—Recibe el gobierno de la Nueva España el cuadragésimo octavo virrey, don Matías de Gálvez. Se ocupó de embellecer la ciudad de México y en fomentar las ciencias y las artes. Durante su mandato se concertó la paz con Inglaterra y los Estados Unidos lograron su independencia.

1783.
27 de septiembre.—Nace en Valladolid, hoy Morelia, don Agustín de Iturbide.

1784.
27 de agosto.—Muere en San Carlos de Monterrey, California, fray Junípero Serra, fundador de muchas poblaciones en California.

1784.
18 de noviembre.—Por real despacho se funda la Real Academia de San Carlos.

1785.
17 de junio.—Recibe el gobierno de la Nueva España el cuadragésimo noveno virrey, don Bernardo de Gálvez, conde de Gálvez. Buen virrey, aunque su

gestión duró poco ya que murió el 30 de noviembre de 1786.

1786.
16 de enero.—Funciona en México el primer establecimiento (cafetería) en que los parroquianos consumen café mientras charlan.

1787.
8 de mayo.—Recibe el gobierno de la Nueva España el quincuagésimo virrey, el arzobispo de México don Alonso Núñez de Haro. Durante su gobierno se estableció el Reglamento de Intendencias, formulado por el visitador Gálvez.

1787.
17 de agosto.—Recibe el gobierno de Nueva España el quincuagésimo primer virrey, don Manuel Antonio Flores, teniente general de la Real Armada. Se dedicó a levantar nuevas tropas de milicias.

1788.
28 de abril.—Muere en Bolonia, Italia, el distinguido padre jesuita mexicano Francisco Javier Alegre, originario del puerto de Veracruz. Hablaba varios idiomas modernos, clásicos e indígenas.

1788.
4 de junio.—De San Blas, Nayarit, zarpa la fragata **Princesa,** al mando del insignia de navío Esteban José Martínez, para recorrer la costa del Pacífico. Llegó hasta el estrecho de Behring.

1788.
12 de agosto.—Nace en Conkal, Yucatán, don Lorenzo de Zavala. Murió en 1836 en San Felipe de

Austin, Texas, siendo vicepresidente de la República de Texas.

1788.
14 de diciembre.—Muere en Madrid el rey Carlos III dejando el trono a su hijo Carlos IV.

1789.
4 de agosto.—Se inicia la introducción del alumbrado público en la ciudad de México por instrucciones del virrey.

1789.
17 de octubre.—Recibe el gobierno de la Nueva España el quincuagésimo segundo virrey, don Juan Vicente de Güemes Pacheco, segundo conde de Revillagigedo. Terminó de poner el alumbrado público en México; fundó el Archivo de la Nación y se ocupó de arreglar la nivelación de las calles (al excavar la Plaza Mayor fue hallado el Calendario Azteca); creó escuelas gratuitas para ambos sexos; mandó levantar un censo y organizó toda la administración en forma muy eficiente. Indudablemente, fue el mejor de todos los gobernantes españoles. La Nueva España tenía 4,484,000 habitantes.

1789.
15 de diciembre.—Nace en Navarra, España, el ilustre liberal don Francisco Javier Mina, quien vino a luchar por la independencia de México.

1789.
27 de diciembre.—En México, con una solemnidad no vista hasta entonces, se proclama al rey Carlos IV.

1792.
1 de enero.—Decreto del rey Carlos III ordenando

la fundación del Colegio de Minería en México. Lo inauguró el virrey Revillagigedo.

1792.

23 de enero.—El comandante de marina don Juan Antonio Riaño recibe la Intendencia de Guanajuato. El Real de Minas de Guanajuato había sido elevado a la categoría de ciudad desde el día 8 de diciembre de 1741.

1792.

16 de junio.—Del puerto de San Blas zarpan las goletas **Mexicana** y **Sutil,** bajo las órdenes de don Dionisio Alcalá Galiano. Llegan hasta la bahía de Nutka, Alaska. Alcalá Galiano fue uno de los distinguidos comandantes españoles que se batieron denodadamente en la batalla de Trafalgar.

1792.

17 de octubre.—Nace en la ciudad de Guanajuato, Gto., el político, hombre de negocios, financiero e historiador don Lucas Alamán. Hombre eminente, de vastísima cultura, le sirvió al país con gran empeño en los cargos de diputado y secretario de Relaciones Exteriores. Es considerado el primer teórico de la industrialización, como garantía de independencia de México contra las amenazas expansionistas de los Estados Unidos y uno de los principales ideólogos del partido conservador. Sus **Disertaciones sobre la historia de la República Mexicana** y su **Historia de México** son verdaderos monumentos de la historiografía. Murió en la ciudad de México el 2 de junio de 1853.

1793.

7 de febrero.—Se inauguran las lecciones de Botá-

4 de junio de 1788: Parte del puerto de San Blas, Nayarit, la fragata Princesa, que recorrió toda la costa del Pacífico hasta el estrecho de Behring.

nica, en el jardín de Palacio, a cargo de don Martín de Sesé, comisionado para formar la flora mexicana.

1794.
21 de febrero.—En Jalapa, Ver., nace don Antonio López de Santa-Anna, conocido personaje de la historia de México. Murió el 21 de junio de 1876 cuando era presidente de la República el licenciado Sebastián Lerdo de Tejada.

1794.
12 de julio.—Recibe el gobierno de la Nueva España el quincuagésimo tercer virrey, don Miguel de la Grúa Talamanca, marqués de Branciforte, protegido de don Manuel Godoy, primer ministro y favorito del rey Carlos IV.

1794.
12 de diciembre.—Sermón de Fray Servando Teresa de Mier en la Colegiata de Guadalupe. Este sermón le valió la acusación de irrespetuoso e incrédulo. Fue desterrado a España, iniciando así una serie de aventuras increíbles.

1795.
27 de abril.—Se inaugura el primer curso de Mineralogía en México. La cátedra estaba a cargo de don Andrés del Río, distinguido hombre de ciencia.

1796.
18 de julio.—Acompañado de todos los tribunales el virrey coloca la primera piedra del pedestal para la estatua ecuestre de Carlos IV.

1798.
11 de marzo.—Recibe el gobierno de la Nueva Es-

paña el quincuagésimo cuarto virrey, don Miguel José de Azanza. Se ocupó en retirar poco a poco las tropas que el virrey Branciforte había acantonado en Jalapa.

1799.
12 de mayo.—Muere en Madrid el que fuera notable virrey de Nueva España, segundo conde de Revillagigedo.

1799.
15 de mayo.—Empieza el retiro de tropas del cantón de Jalapa. En dicho cantón se conocieron y trataron los tenientes Ignacio Allende, José Mariano Michelena, Mariano Abasolo y Juan Aldama. Frecuentemente se reunían para conversar sobre la idea de obtener la independencia.

1799.
17 de mayo.—Para aumentar la población de California, el virrey Azanza dispone mandar niños del hospicio a esos lugares.

1799.
23 de mayo.—El general Félix María Calleja recibe el mando de la brigada de infantería estacionada en San Luis Potosí.

1799.
10 de noviembre.—Don Isidoro Francisco de Aguirre denuncia una conjura encabezada por don Pedro de la Portilla. Los conjurados sólo contaban con algunos machetes. A este conato de rebelión el pueblo la llamó la rebelión de los Machetes.

1799.
28 de noviembre.—Cédula de Carlos IV dándole a

Acapulco el título de ciudad. La empezó a poblar desde 1550 Fernando de Santa-Ana.

1800.
8 de marzo.—Fuerte temblor de tierra llamado de San Juan de Dios. Aunque se cayeron algunas casas, no hubo desgracias personales.

1800.
30 de abril.—Recibe el gobierno de la Nueva España el quincuagésimo quinto virrey, don Félix Berenguer de Marquina. Durante su mandato, en Tepic tuvo lugar la rebelión del indio Mariano. Este virrey fue persona honrada y de buenas intenciones, pero de poca capacidad.

1800.
1 de octubre.—España cede a Francia el territorio de la Louisiana.

1801.
1 de enero.—Sublevación del indio Mariano en Tepic. Logró escapar y nunca fue aprehendido. Pretendía restablecer la monarquía indígena.

1802.
9 de septiembre.—Se publica la paz con Inglaterra.

1803.
3 de enero.—Recibe el gobierno de Nueva España el quincuagésimo sexto virrey, don José de Iturrigaray, protegido del ministro Manuel Godoy.

1803.
22 de marzo.—Llega a Acapulco, procedente de la América del Sur, la corbeta **Pizarro.** En ella viajaba el ilustre sabio prusiano Alejandro von Humboldt.

1803.
30 de abril.—El Primer Cónsul, Napoleón Bonaparte, vende la Louisiana a los Estados Unidos en ochenta millones de francos. La Louisiana había sido propiedad de España, pero por los Tratados de Basilea el primer ministro español Manuel Godoy se la devolvió a Francia.

1803.
8 de diciembre.—Las autoridades virreinales descubren solemnemente la estatua ecuestre de Carlos IV (el Caballito), proyectada y fundida en bronce por el gran artista valenciano Manuel Tolsá.

1804.
18 de marzo.—Llega la comisión para propagar la vacuna contra la viruela, presidida por el doctor Francisco Javier Balmis. El doctor don Juan Arboleya vacunó al hijo del virrey.

1804.
5 de mayo.—El barón de Humboldt estima que la población de la Nueva España ascendía a unos seis millones de habitantes.

1805.
5 de marzo.—Como resultado de la política que el ministro Godoy seguía con respecto a Francia, España le declara la guerra a Inglaterra. El virrey Iturrigaray ordena concentrar tropas en Jalapa para rechazar un posible desembarco de ingleses en Veracruz.

1805.
1 de octubre.—Se publica el primer número de **El Diario de México,** editado por don Carlos María Bustamante.

1806.
21 de marzo.—En San Pablo Guelatao, Oaxaca, nace don Benito Juárez García, futuro gran prócer republicano y liberal.

1808.
19 de marzo.—Por presión popular contra el ministro Manuel Godoy –quien corrió grave peligro de ser muerto–, el rey Carlos IV abdica al trono en favor de su hijo, el príncipe de Asturias, que sube al trono como Fernando VII.

1808.
19 de julio.—El Ayuntamiento de México –formado por profesionistas criollos y presidido por el licenciado don Francisco Primo de Verdad y Ramos y por el padre peruano Fray Melchor de Talamantes– le pide al virrey Iturrigaray que dicte disposiciones para que la Nueva España se gobierne autónomamente y de acuerdo con una jurisprudencia local, en tanto España estuviese ocupada por los franceses y los monarcas españoles en calidad de presos en Francia.

1808.
15 de septiembre.—Don Gabriel de Yermo, rico propietario de Cuautla, encabeza a un grupo de trescientos comerciantes del Parián. Bien armados, atacaron Palacio, sacaron al virrey y lo hicieron prisionero.

1808.
21 de septiembre.—Bajo partida, el virrey Iturrigaray es remitido preso a España. Los conjurados del Parián y los miembros de la Audiencia de México

ponen en lugar de Iturrigaray al anciano militar don Pedro Garibay, quincuagésimo séptimo virrey. La primera disposición de Garibay fue aprehender a los miembros del Ayuntamiento y ponerlos presos para remitirlos a España.

1808.
4 de octubre.—En su prisión en el Palacio del Arzobispado fue encontrado ahorcado el licenciado don Francisco Primo de Verdad y Ramos, síndico del Ayuntamiento de México.

1808.
9 de octubre.—De fiebre amarilla y estando preso en San Juan de Ulúa para ser enviado a España, fallece el promotor de la independencia Fray Melchor de Talamantes.

1809.
19 de julio.—Recibe el gobierno de la Nueva España el quincuagésimo octavo virrey, don Francisco Javier Lizana y Beaumont, arzobispo de México.

1809.
13 de septiembre.—Se descubre una conjura independentista en Valladolid, Michoacán, encabezada por el teniente José Mariano Michelena. Todos los involucrados fueron detenidos y enviados presos a México. El virrey no encontró delito qué perseguir y puso en libertad a los acusados. Esta decisión disgustó al partido español y negoció el relevo del virrey Lizana.

3

La Independencia

1810.
14 de febrero.—La regencia española les hace saber a sus posesiones americanas que deben nombrar diputados representantes en las Cortes españolas.

1810.
13 de septiembre.—Recibe el gobierno de la Nueva España el quincuagésimo noveno virrey, general don Francisco Javier Venegas.

1810.
15 de septiembre.—En el pueblo de Dolores, de la Intendencia de Guanajuato, se levanta en armas el señor cura don Miguel Hidalgo y Costilla.

1810.
16 de septiembre.—Hidalgo sale de Dolores con los sublevados. En Atotonilco toma como estandarte la imagen de la Virgen de Guadalupe. En la tarde llega a San Miguel el Grande, donde se le une el Regimiento de la Reina.

1810.
18 de septiembre.—Los insurgentes salen a Celaya y la ocupan el día 21.

1810.
22 de septiembre.—En Celaya, Hidalgo es nombrado capitán general; Allende, teniente general; Aldama, Abasolo y otros jefes, mariscales.

1810.
24 de septiembre.—Don Manuel Abad y Queipo, obispo electo de Valladolid, Michoacán, excomulga al cura Hidalgo.

1810.
27 de septiembre.—Se publica un bando del virrey,

ofreciendo diez mil pesos por cada una de las cabezas de los caudillos insurgentes.

1810.
28 de septiembre.—Desde la hacienda de Burras el cura Hidalgo intima rendición al intendente Riaño, pero éste, con la guarnición, se hizo fuerte en la Alhondiga de Granaditas, en Guanajuato. En virtud de la negativa, atacan los insurgentes. Muere en la defensa el intendente y la plaza queda en poder de Hidalgo y los suyos.

1810.
7 de octubre.—Zacatecas queda en poder de los insurgentes al mando del conde de Santiago de La Laguna.

1810.
10 de octubre.—Los insurgentes salen de Guanajuato hacia Valladolid, ciudad que ocuparon el día 17.

1810.
11 de octubre.—El arzobispado de México excomulga al cura Hidalgo.

1810.
13 de octubre.—Bando del brigadier y gobernador de las Provincias Internas, don Nemesio Salcedo, amenazando a toda persona que secunde o dé cualquier tipo de ayuda a los insurgentes.

1810.
13 de octubre.—La Inquisición de México publica un edicto excomulgando a Hidalgo y a sus partidarios.

1810.

19 de octubre.—En la Intendencia de Valladolid, Michoacán, Hidalgo publica un decreto aboliendo la esclavitud.

1810.

20 de octubre.—Los insurgentes se ponen en marcha hacia México. En el camino se presenta el cura de Carácuaro, don José María Morelos, quien se entrevista con Hidalgo entre Charo e Indaparapeo. Hidalgo comisiona a Morelos «para insurreccionar y tomar el puerto de Acapulco».

1810.

30 de octubre.—Batalla del Monte de las Cruces. Los insurgentes, comandados por Hidalgo y Allende, derrotan a los realistas, mandados por el teniente coronel Torcuato Trujillo.

1810.

2 de noviembre.—Inexplicablemente, después de triunfo tan completo en el Monte de las Cruces, donde permaneció acampado, el cura Hidalgo ordena la retirada hacia Querétaro.

1810.

2 de noviembre.—Don Rafael de Iriarte se apodera de Aguascalientes por la insurgencia.

1810.

7 de noviembre.—Batalla de San Jerónimo Aculco entre las huestes insurgentes y las tropas de Calleja, procedentes de Querétaro. Derrotados fácilmente los insurgentes, Hidalgo marchó a Valladolid y Allende a Guanajuato.

1810.

7 de noviembre.—El cura don José María Morelos se apodera de la plaza de Tecpan, donde se le unen los hermanos Pablo y Hermenegildo Galeana, quienes fueron, sobre todo el último, eficientes y muy valerosos lugartenientes.

1810.

9 de noviembre.—Morelos ataca infructuosamente el puerto de Acapulco. Queda estacionado en el cerro de El Veladero.

1810.

11 de noviembre.—El Amo Torres (José Antonio Torres) se apodera de Guadalajara, después de derrotar al realista don Roque Abarca. Invita al cura Hidalgo y a Allende para que pasen a esa plaza.

1810.

23 de noviembre.—Ante la imposibilidad de defender la plaza, Allende sale de Guanajuato. Matanza de ochenta y cinco españoles que estaban prisioneros, perpetrada por el negro Lino, mayordomo de minas.

1810.

25 de noviembre.—Entra el general Calleja a Guanajuato, reforzado por las tropas del conde de la Cadena, don Manuel de Flon. Ordena tocar a degüello, en venganza por la muerte de los ochenta y cinco españoles. El padre José María Belauzarán lo convence para que suspenda tan bárbara orden. En los días siguientes los jefes realistas fusilaron a mucha gente como represalia a lo hecho por los insurgentes.

1810.
26 de noviembre.—Procedente de Valladolid, por invitación de don José Antonio Torres, Hidalgo entra a Guadalajara y es recibido con grandes fiestas.

1810.
26 de noviembre.—El cura de Mascota, don José María Mercado, comisionado por el cura Hidalgo para insurreccionar el Occidente, se apodera del puerto de San Blas. Posteriormente, el 31 de enero de 1811, el puerto es recuperado por las tropas realistas del brigadier don José de la Cruz. Mercado, al tratar de escapar, se mató en un barranco.

1810.
29 de noviembre.—En Guadalajara, Hidalgo publica un bando por el cual declara abolida la esclavitud en toda la Nueva España, así como la supresión del pago de tributos.

1810.
1 de diciembre.—El cura Hidalgo trata de organizar su gobierno y nombra ministros: de Gracia y Justicia, a don José María Chico; de Estado y Despacho, a don Ignacio López Rayón.

1810.
12 de diciembre y días subsiguientes.—Un torero, apellidado Marroquín y otros sujetos asesinan a trescientos cincuenta españoles en la barranca de Oblatos, en Guadalajara.

1810.
15 de diciembre.—El cura Hidalgo nombra a don Pascasio Ortiz de Letona como embajador insurgente en los Estados Unidos.

15 de septiembre de 1810: En el pueblo de Dolores, de la Intendencia de Guanajuato, es proclamada la Independencia de México por don Miguel Hidalgo.

1810.

20 de diciembre.—Don Francisco Severo Maldonado publica en Guadalajara el primer periódico insurgente, **El Despertador Americano,** para explicar la causa de la insurgencia e invitar a los americanos a tomar las armas en favor del cura Hidalgo.

1811.

4 de enero.—Las tropas de Morelos derrotan al realista Francisco Paris en un lugar llamado Tres Palos, recogiendo mucho armamento y municiones.

1811.

6 de enero.—Don Mariano Jiménez, ingeniero de minas, quien se unió a Hidalgo en Guanajuato y se distinguió en la batalla del Monte de las Cruces, derrota a los realistas del gobernador Cordero y Bustamante en Aguanueva y entra a Saltillo, haciendo que todas las Provincias Internas de Oriente se declaren en favor de la insurgencia.

1811.

14 de enero.—Sabiendo que Calleja y sus tropas habían salido de Guanajuato y estaban en marcha rumbo a Guadalajara, el cura Hidalgo convoca a una Junta de Guerra, en la cual hace valer su decisión de salir de esa plaza y presentarle batalla a Calleja.

1811.

14 de enero.—La última **Nao de China** llega al puerto de San Blas.

1811.

17 de enero.—Los insurgentes son derrotados por las tropas de Calleja en el Puente de Calderón. En la acción muere el conde de la Cadena. Los insurgentes marchan hacia Zacatecas.

1811.

3 de febrero.—En la hacienda de Pabellón, en Aguascalientes, el cura Hidalgo es despojado del mando militar que pasa a Allende; sólo conserva el mando político.

1811.

10 de febrero.—Los insurgentes llegan a Zacatecas y después arriban a Saltillo el 10 de marzo.

1811.

21 de marzo.—Los caudillos insurgentes salen de Saltillo desde el día 17, con rumbo a los Estados Unidos, pero son hechos prisioneros en las Norias de Baján, en Coahuila, por el teniente coronel don Ignacio Elizondo.

1811.

27 de marzo.—Después de haber organizado a sus tropas y de haber enjuiciado y ejecutado a don Rafael de Iriarte por traición, don Ignacio López Rayón, en quien recayó el mando insurgente al ser aprehendidos los caudillos, inicia su retirada de Saltillo a Zacatecas.

1811.

1 de abril.—Acción del puerto de Piñones, Coah. En ella don Ignacio López Rayón, el Amo Torres, Víctor Rosales y otros insurgentes, derrotan a los realistas del teniente coronel José Manuel de Ochoa.

1811.

17 de abril.—El coronel e ingeniero Diego García Conde termina de construir el Puente del Rey, actual Puente Nacional, en el camino a Veracruz.

1811.
28 de abril.—Al saber la aproximación de las tropas de Calleja, don Ignacio López Rayón sale de Zacatecas, ciudad a la que llegó el día 7. Marcha con dirección a Valladolid.

1811.
7 de mayo.—De Baján, los caudillos prisioneros –Hidalgo, Allende, Aldama, Abasolo y Jiménez– fueron enviados a Monclova y de allí a Chihuahua, donde, en esta fecha, se les toma la declaración para instruirles juicio.

1811.
24 de mayo.—Don José María Morelos y sus soldados ocupan Chilpancingo. Se le unen los hermanos Bravo (Miguel, Víctor, Máximo y Leonardo con su hijo Nicolás), ricos y valientes hacendados de la región.

1811.
26 de mayo.—Morelos ocupa Tixtla, después de derrotar al jefe realista Francisco Garrote. En este lugar se le incorpora el joven caudillo don Vicente Guerrero.

1811.
26 de junio.—Por la espalda, como traidores, son fusilados en Chihuahua don Ignacio Allende, don Juan Aldama y don Mariano Jiménez. Don Mariano Abasolo fue sentenciado a prisión perpetua. Murió en Cádiz en 1816.

1811.
30 de julio.—Es fusilado en Chihuahua el señor cura don Miguel Hidalgo.

1811.
19 de agosto.—Don Ignacio López Rayón forma la primera Junta de Gobierno Insurgente en Zitácuaro, de la intendencia de Michoacán.

1811.
16 de diciembre.—En Izúcar se presenta con Morelos el cura de Jantetelco, don Mariano Matamoros, quien llegó a ser uno de sus más distinguidos colaboradores.

1812.
9 de febrero.—Sabiendo Morelos que las tropas de Calleja se aproximaban, resuelve hacerse fuerte en la plaza de Cuautla.

1812.
19 de febrero.—Los realistas de Calleja lanzan un ataque general contra los insurgentes, posesionados en Cuautla, pero son rechazados.

1812.
2 de mayo.—Morelos, al ver que es imposible resistir el sitio, aprovecha la oscuridad y sale con sus tropas sin que los realistas se dieran cuenta sino hasta poco tiempo después.

1812.
5 de julio.—En el Valle de Santiago, Gto., es hecho prisionero el famoso guerrillero Albino García; lo apresó el comandante don Agustín de Iturbide. Conducido a Celaya, fue fusilado el día 8 por órdenes del general don Diego García Conde.

1812.
24 de julio.—Morelos libera a don Valerio Trujano

en Huajuapan, Oax., lugar donde estaba sitiado por los realistas Regules y Caldelas.

1812.
10 de agosto.—Morelos se apodera de Tehuacán.

1812.
13 de septiembre.—Es ejecutado en México don Leonardo Bravo, padre del prócer insurgente don Nicolás. El virrey Venegas se negó a perdonarle la vida a cambio de los prisioneros realistas que estaban en poder de Morelos.

1812.
25 de septiembre.—El general don Nicolás Bravo les perdona la vida a trescientos realistas hechos prisioneros en el combate de San Agustín del Palmar.

1812.
30 de septiembre.—Se jura en Cádiz, España, la primera Constitución que tuvo ese país. Las Cortes ordenan que entre en vigor, sin enmiendas ni limitaciones, en todos los dominios españoles.

1812.
12 de octubre.—Se proclama en México la Constitución española de Cádiz de 1812.

1812.
15 de octubre.—Los miembros de la Junta de Zitácuaro se establecen en la isla de Mezcala, en el lago de Chapala, desde donde resisten hasta noviembre de 1816.

1812.
25 de noviembre.—Don José María Morelos se apodera de Oaxaca.

1813.

13 de febrero.—Toma posesión del gobierno de la Nueva España el sexagésimo virrey, general don Félix María Calleja, conde de Calderón. Durante su gestión fue suprimida la Inquisición y se restableció la Compañía de Jesús. Entregó el gobierno a don Juan Ruiz de Apodaca con un ejército compuesto de 39,000 soldados de línea y 44,000 milicianos, así como una administración saneada y limpia. Calleja murió el 24 de julio de 1828 en la ciudad de Valencia, España.

1813.

20 de abril.—Jefaturadas personalmente por Morelos, las fuerzas insurgentes capturan el puerto de Acapulco y la fortaleza de San Diego.

1813.

13 de septiembre.—Se Instala el Congreso Nacional en Chilpancingo. Morelos lee el valioso documento llamado **Sentimientos de la Nación,** en el cual quedaba plasmado su pensamiento político y económico para un plan de gobierno.

1813.

6 de noviembre.—El Congreso de Anáhuac, instalado en Chilpancingo, promulga la independencia de México.

1813.

23 de diciembre.—Valladolid (Morelia), defendida por Llano e Iturbide, es atacada por las fuerzas de Morelos. Los realistas resisten los ataques, rechazan a los insurgentes y después toman la ofensiva, obligándolos a retirarse.

1814.

5 de enero.—Morelos es nuevamente derrotado en Puruarán, aunque don Mariano Matamoros trata de resistir para restablecer la situación. Es hecho prisionero por Iturbide. Procesado por el fuero religioso y después por el militar es fusilado en Valladolid el día 3 de febrero del mismo año.

1814.

6 de enero.—Nace en la hacienda de Pateo, Mich., el prócer liberal don Melchor Ocampo, fusilado en Tepeji del Río, Hidalgo, por el guerrillero conservador Lindoro Cajigas.

1814.

15 de enero.—Recibe el mando de las tropas realistas del sur el coronel Gabriel Armiño, recuperando las plazas de Chilapa, Chilpancingo y Tixtla.

1814.

14 de mayo.—De regreso de su cautiverio en Francia, el rey Fernando VII anula el gobierno representativo y deroga la Constitución de 1812.

1814.

27 de junio.—Muere don Hermenegildo Galeana al tratar de escapar de los realistas del coronel Avilés. Al galope de su caballo tomó un sendero en el bosque cercano a Coyuca, pero al voltear a ver qué tan lejos estaban sus perseguidores, chocó contra la rama gruesa de un árbol y cayó sin sentido. Fue muerto de una lanzada.

1814.

22 de octubre.—El Congreso de Chilpancingo expide en Apatzingán, Michoacán, la primera Constitución de la América Mexicana, conteniendo, como disposiciones principales, las siguientes: a) el Poder Ejecutivo se depositaba en un triunvirato; b) intolerancia religiosa, aceptando como única la católica; c) reconocimiento de la soberanía popular; d) sufragio universal; e) igualdad ante la ley de todos los nacidos en Nueva España; f) necesidad de la enseñanza.

1815.
29 de septiembre.—Morelos, quien escoltaba al Congreso de Chilpancingo en su marcha hacia Tehuacán, presenta combate contra los realistas del coronel don Manuel de la Concha en las lomas de Texmalaca, es derrotado completamente y al tratar de escapar es reconocido y hecho prisionero por un antiguo soldado suyo, llamado Matías Carranco. Conducido a México, es procesado por la Inquisición y por los tribunales militares.

1815.
22 de diciembre.—Muere fusilado en San Cristóbal Ecatepec, hoy Estado de México, don José María Morelos y Pavón, distinguidísimo héroe en la lucha por la independencia mexicana. El gobierno de Maximiliano mandó que se le erigiera una estatua (30 de noviembre de 1865).

1816.
19 de mayo.—El gobierno español autoriza que los jesuitas regresen del exilio.

1816.
8 de junio.—En la ciudad de México nace don Manuel Orozco y Berra, cuya vasta obra sobresale en los campos de la geografía, la etnografía y la historia.

Gozan de gran prestigio sus libros **Historia antigua y de la conquista de México, Historia antigua y de las culturas aborígenes de México, Historia de la dominación en México, Diccionario universal de Historia** y su **Apéndice, Apuntes para la historia de la geografía en México,** etcétera. Fallece en la ciudad de México el 27 de enero de 1881.

1816.

18 de septiembre.—Toma posesión del gobierno de la Nueva España el sexagésimo primer virrey, don Juan Ruiz de Apodaca. Hombre bondadoso, siguió una política de perdón y respeto. Ordenó a los jefes militares que no fusilaran a los insurgentes y les ofreció el indulto a los que dejaran la lucha.

1817.

7 de enero.—Se rinde don Ramón Rayón en el cerro del Cóporo, en Zitácuaro. Con él, fueron miles los insurgentes que se rindieron por la política humanitaria del virrey Apodaca. Sólo don Vicente Guerrero, en el sur; don Guadalupe Victoria y don Nicolás Bravo, en Veracruz, se mantenían en rebelión.

1817.

15 de abril.—En la barra del río Santander desembarca la expedición de don Francisco Javier Mina, quien viene a luchar por la independencia de México; sigue su rumbo hacia Soto la Marina y llega el día 22.

1817.

22 de abril.—En Soto la Marina, Francisco Javier Mina explica en un Manifiesto que no viene a luchar contra España sino contra la tiranía de Fernando VII.

1817.
24 de mayo.—Mina y trescientos veinte de sus soldados se ponen en marcha hacia el interior del país y se apoderan de setecientos caballos en la hacienda de El Cojo.

1817.
8 de junio.—En el Valle del Maíz don Francisco Javier Mina derrota al jefe realista Villaseñor y le quita armas y caballos.

1817.
15 de junio.—En Peotillos don Francisco Javier Mina derrota al realista Armiñán.

1817.
28 de junio.—En un lugar llamado Los Arrastres, por San Juan de los Llanos, don Francisco Javier Mina derrota a los realistas mandados por el coronel José Manuel Ordóñez.

1817.
2 de julio.—Mina y sus soldados se unen a los insurgentes de don Pedro Moreno y marchan al fuerte del Sombrero, en la sierra de Comanja, León, Gto.

1817.
4 de agosto.—Contra el fuerte del Sombrero marcha el mariscal Pascual Liñán, nombrado jefe de las operaciones para terminar con los insurgentes y con Mina. Es rechazado en su primer ataque.

1817.
20 de agosto.—Liñán ocupa el fuerte del Sombrero, del que habían logrado salir Mina, Moreno y mil soldados a caballo. Los realistas destruyen el fuerte y fusilan a doscientos prisioneros.

1817.

31 de agosto.—Se le unen a Mina y a Moreno los **Pachones,** Tomás y Encarnación Ortiz. Ocupan San Luis de la Paz y luego atacan Guanajuato.

1817.

27 de octubre.—Con una corta escolta Mina y Moreno llegan al rancho de El Venadito. El coronel Orrantia, jefe de la caballería realista, los encuentra cuando dormían después de varios días de tremendos esfuerzos. Moreno se defendió a sablazos, pero fue muerto. Mina, hecho prisionero y amarrado, es enviado a Silao, donde Liñán lo trata en forma violenta. Sentenciado a muerte, lo fusilan el 11 de noviembre en el cerro de El Bellaco, frente al fuerte insurgente de los Remedios.

1817.

30 de octubre.—Es remitido a España, en calidad de preso, Fray Servando Teresa de Mier. Llegó en la expedición de Mina, al que, en Londres, lo había convencido para que viniera a México a luchar por la independencia. El brigadier don Joaquín de Arredondo capturó el fuerte de Soto la Marina, levantado por los soldados de Mina, fusiló a los jefes y mandó presos a México a los prisioneros el día 13 de junio.

1818.

1 de enero.—Los realistas de Liñán capturan el fuerte de los Remedios, en la sierra de Pénjamo, escapando el padre Antonio Torres, quien se hacía llamar presidente de la Junta Insurgente. Liñán hizo fusilar a Crocker y al doctor Hennesey, miembros de la expedición de Mina.

27 de junio de 1814: Muere don Hermenegildo Galeana al tratar de escapar de las fuerzas realistas que lo perseguían.

1818.

22 de enero.—En el Ajusco, el brigadier don Manuel de la Concha captura y hace fusilar al feroz guerrillero Pedro el Negro. Declaró haber matado a cuchillo a seiscientas personas.

1818.

10 de febrero.—En la capital de la República nace don Guillermo Prieto. Periodista, político y poeta, desarrolla una actividad muy intensa: miembro del gabiente del presidente Juárez; miembro fundador de la Academia de Letrán; catedrático y parlamentario; colaborador de las principales revistas y periódicos de su tiempo y autor de libros de poesía, de crónicas y de impresiones de viaje. Altamirano lo investió con el título de "poeta nacional". Murió en Tacubaya, D. F., el 2 de marzo de 1897.

1818.

6 de marzo.—El realista Aguirre obliga a rendirse a la guarnición del fuerte de Jaujilla, lugar donde estaba la Junta de Gobierno Insurgente, presidida por el padre Torres. Se respetó la vida de los rendidos. El padre Torres huyó al sur y en un juego de naipes lo mató un tal Zamora en 1819.

1818.

22 de junio.—En San Miguel de Allende (antes el Grande), Guanajuato, nace don Ignacio Ramírez ("El Nigromante"). Dedicó su vida a la política, al periodismo, a la enseñanza y a la literatura. Fue diputado al Congreso Constituyente; combatió a los franceses; fungió como ministro de Justicia y Fomento en el gabinete de Juárez y magistrado de la Suprema Corte de Justicia. Maestro de Altamirano, es de los más puros liberales y defensores de la Reforma. Figura entre los mejores ejemplares humanos de nuestra historia. Muere en la ciudad de México el 15 de junio de 1879.

1819.

3 de julio.—En un combate cerca de Santa Cruz, Gto., un soldado de la caballería de Bustamante mata al famoso guerrillero Andrés Delgado, apodado **El Giro.**

1819.

15 de octubre.—El jefe insurgente Pedro Asencio es desalojado de su posición del cerro de Barrabás. Pasó al río Mezcala para unirse a don Vicente Guerrero.

1820.

1 de enero.—En un lugar llamado Cabezas de San Juan, España, el coronel don Rafael de Riego se pronuncia proclamando el restablecimiento de la Constitución de 1812.

1820.

9 de marzo.—Ante la fuerza del movimiento encabezado por Riego, Fernando VII tuvo que volver a aceptar y jurar la Constitución de 1812 y reunir, asimismo, a las Cortes, disueltas por él en 1814.

1820.

25 de mayo.—El gobernador de Veracruz, presionado por el elemento liberal español del puerto, se vio obligado a proclamar la Constitución de 1812.

1820.

31 de mayo.—El virrey Apodaca, temeroso de una reacción violenta de los liberales y militares criollos, juró la Constitución de 1812.

1820.
17 de agosto.—Las Cortes de Cádiz ordenan que sea suprimida la Compañía de Jesús.

1820.
9 de noviembre.—Recomendado al virrey Apodaca por los conspiradores de la Profesa, el general don Agustín de Iturbide recibe el mando de las tropas del sur para combatir a Guerrero.

1821.
2 de enero.—Las tropas de Iturbide sufren un revés en Zapotepec, en su campaña contra Guerrero.

1821.
10 de enero.—Iturbide envía una carta a Guerrero invitándolo a rendirse por estar ya en camino de obtener la independencia.

1821.
20 de enero.—Guerrero le contesta a Iturbide y le expresa que no acepta el indulto, pero se ofrece a colaborar con Iturbide si en verdad se trataba de lograr la independencia.

1821.
10 de febrero.—En la aldea de Acatempan, Gro., se entrevistan Iturbide y don Vicente Guerrero, con el fin de ponerse de acuerdo respecto a los principales puntos de un plan para la independencia.

1821.
24 de febrero.—En Iguala, Gro., Iturbide elabora un plan para obtener la independencia de México.

1821.
1 de marzo.—Iturbide le da a conocer a sus tro-

pas el Plan de Iguala. En medio de aclamaciones recibe el título de jefe del Ejército de las Tres Garantías.

1821.
7 de marzo.—El virrey Apodaca, el Ayuntamiento y el Arzobispado de México, son enterados del Plan de Iturbide. Apodaca le pide a Iturbide que se arrepienta y le ofrece el indulto.

1821.
14 de marzo.—Iturbide y sus partidarios son declarados fuera de la ley por las autoridades virreinales.

1821.
16 de marzo.—Iturbide considera que el éxito de la empresa depende de la rapidez con que se actúe y sale al Bajío. Los antiguos jefes realistas Filisola y Codallos se le unen en Zitácuaro y en Acámbaro.

1821.
20 de marzo.—Los generales realistas Anastacio Bustamante, Luis Cortázar y Joaquín Parrés se adhieren a la independencia en toda la intendencia de Guanajuato.

1821.
20 de mayo.—El coronel realista don José Joaquín de Herrera se une al Plan de Iguala, quedan en su poder las poblaciones de San Andrés Chalchicomula, Tepeaca, Puebla y Córdoba y rechaza los ataques de los realistas mandados por el coronel Hevia.

1821.
29 de mayo.—El teniente coronel Antonio López de Santa Anna se apodera de Jalapa a nombre del Plan de Iguala.

1821.
13 de junio.—El realista Pedro Celestino Negrete se declara en favor del movimiento.

1821.
5 de julio.—El virrey don Juan Ruiz de Apodaca –quien fue premiado con el título de conde del Venadito por su campaña contra don Francisco Javier Mina– es destituido de su cargo por los jefes realistas, encabezados por el brigadier Buceli. Se nombra encargado del gobierno al mariscal de campo don Francisco Novella.

1821.
31 de julio.—Llega a Veracruz don Juan O'Donojú, último virrey de la Nueva España.

1821.
3 de agosto.—Estando en Veracruz, don Juan O'Donojú lanza una proclama haciendo profesión de fe liberal y ofreciendo conciliar intereses de americanos y españoles.

1821.
23 de agosto.—En Córdoba, Ver., se entrevistan Iturbide y el virrey O'Donojú. Ese mismo día firman el Tratado de Córdoba, que era una ratificación del Plan de Iguala. Sólo se modificó el artículo 4, para que, en caso de que el rey Fernando VII y demás infantes españoles no aceptaran la Corona de México, las Cortes mexicanas podrían elegir libremente al monarca.

1821.
30 de agosto.—Las autoridades españolas, encabezadas por el mariscal de campo Novella, no le

reconocen facultades a O'Donojú para firmar el Tratado de Córdoba.

1821.
13 de septiembre.—En la hacienda de La Patera, cerca de la villa de Guadalupe, se lleva a cabo una reunión entre Iturbide, O'Donojú y Novella. Se ponen de acuerdo y así termina la guerra de independencia.

1821.
25 de septiembre.—Entra a México don Juan O'Donojú, último virrey de la Nueva España.

1821.
27 de septiembre.—Al frente del Ejército Trigarante, don Agustín de Iturbide llega a la ciudad de México.

1821.
28 de septiembre.—Se instala una Junta Provisional Gubernativa, compuesta de treinta y cuatro miembros, nombrados todos ellos por Iturbide, quienes decretaron el Acta de Independencia del Imperio Mexicano. La Junta nombró una Regencia integrada por Iturbide, O'Donojú, Manuel de la Bárcena, José Isidro Yáñez y Manuel Velázquez de León.

1821.
3 de octubre.—La Capitanía General de Guatemala (formada por Chiapas, Guatemala, El Salvador, Nicaragua, Costa Rica y Honduras) declara su independencia y su incorporación al Imperio Mexicano.

1821.
8 de octubre.—Muere de pleuresía, en la ciudad de México, don Juan O'Donojú.

1821.
17 de noviembre.—Se publica la convocatoria para elegir el Congreso Constituyente, el cual debe establecer la organización política del Imperio Mexicano.

1822.
3 de abril.—El gobierno mexicano concede autorización al norteamericano Esteban Austin para establecerse en el territorio de Texas con trescientas familias católicas extranjeras.

1822.
18 de mayo.—El sargento Pío Marcha y el coronel Epitacio Sánchez, quienes habían servido a las órdenes de Iturbide, junto con los soldados del regimiento de Celaya, salen a la calle –seguidos por el populacho– y llegan a la casa de Iturbide gritando: «¡Viva Agustín Primero!» Iturbide salió al balcón, les manifiesta su agradecimiento y les pide que sometan su petición al Congreso.

1822.
20 de julio.—Es coronado don Agustín de Iturbide con el título de emperador Agustín I.

1822.
26 de agosto.—La oposición del Congreso fraguó un plan para sublevar a la guarnición de México y declarar nula la elección de Iturbide. Denunciada la conspiración, Iturbide ordena el arresto de diecinueve diputados. Llega Poinsett a México.

1822.
31 de octubre.—Iturbide disuelve el Congreso y en su lugar instala, el 2 de noviembre, una Junta Nacional Instituyente, formada por sus amigos y partidarios.

1822.
15 de noviembre.—Sale Iturbide rumbo a Veracruz con el pretexto de activar las negociaciones para lograr la rendición del castillo de San Juan de Ulúa, en poder de una guarnición española; pero lo cierto es que salió a impedir un pronunciamiento que estallaría en Veracruz, encabezado por el general Antonio López de Santa Anna.

1823.
13 de enero.—Los generales Vicente Guerrero y Nicolás Bravo se levantan en armas contra el emperador y publican un manifiesto pidiendo la reinstalación del Congreso.

1823.
1 de febrero.—El general Antonio López de Santa Anna se levanta en armas en el puerto de Veracruz y proclama el Plan de Casa Mata, desaprobando la conducta del emperador y pidiendo convocar un nuevo Congreso Constituyente.

1823.
7 de marzo.—Iturbide reinstala el Congreso y le presenta su abdicación el 19 de marzo.

1823.
11 de mayo.—Del puerto de La Antigua, Ver., en la fragata inglesa **Rawllings,** sale el emperador Iturbide, en compañía de su familia, con destino a Liorna, Italia. El Congreso le asigna una pensión de 25,000 pesos anuales.

1823.
28 de mayo.—El Congreso nombra un triunvirato para encargarse del Poder Ejecutivo, formado por Negrete, Bravo y Victoria.

4

La República

1823.
Diferentes fechas.—Se contrata un préstamo en Londres con la Casa Goldsmith por dieciséis millones de pesos al 5% de interés y otro por igual cantidad con la Casa Richardson. Se perdieron 2.5 millones por haberse declarado en quiebra una de las casas de comercio que prestaron el dinero. Un millón que se prestó a Colombia y el resto se empleó en comprar armas, pagar sueldos atrasados y comprar dos viejos barcos.

1823.
21 de junio.—El general Luis Quintanar firma un decreto declarando a Jalisco estado libre y soberano.

1823.
1 de julio.—El Congreso centroamericano se pronuncia en favor de su independencia absoluta. Sólo Chiapas decide seguir incorporada a México.

1823.
21 de julio.—El Congreso expide un decreto separando a las provincias de Sonora y Sinaloa, declarando a Culiacán como capital de Sinaloa.

1823.
7 de noviembre.—Se establece el Congreso Constituyente.

1823.
20 de diciembre.—El presidente de los Estados Unidos, James Monroe, presenta al Congreso las declaraciones que forman el cuerpo de la Doctrina Monroe.

1824.
8 de enero.—En la ciudad de San Luis Potosí,

S. L. P., nace Francisco González Bocanegra, el célebre autor de los versos del Himno Nacional. Fue uno de los fundadores del Liceo Hidalgo y miembro de la Academia de Letrán. Murió el 11 de abril de 1861 en la ciudad de México.

1824.
15 de enero.—El Congreso expide un decreto para darle a Colima la categoría de territorio. La Constitución de 1857 le otorgó la calidad de Estado.

1824.
31 de enero.—Se promulga el Acta Constitutiva mediante la cual se establecía en México el sistema Republicano y Federal.

1824.
3 de febrero.—Se vota el acta por la cual se establece como forma de gobierno la de República Federal.

1824.
1 de marzo.—Fundación de San Felipe de Austin, a orillas del río Brazos, por obra de Esteban F. Austin, en el departamento de Brazos, que, junto con el departamento de Béjar y el de Nacogdoches, formaba la división política del territorio texano.

1824.
3 de abril.—Debido a la agitación que había en favor del ex monarca Agustín de Iturbide, el Congreso expide un decreto declarándolo traidor y fuera de la ley en caso de presentarse en territorio nacional.

1824.
4 de mayo.—Con rumbo a México se embarca en

Inglaterra don Agustín de Iturbide. Viene acompañado de su familia y del coronel polaco apellidado Beneski. Viajan a bordo del bergantín inglés **Spring.** El 14 de julio desembarcan en Soto la Marina.

1824.
19 de julio.—Iturbide es reconocido por los soldados del general De la Garza, quien lo aprehende. Es juzgado por el Congreso de Tamaulipas y lo fusilan en la pequeña población de Padilla, Tamaulipas.

1824.
4 de octubre.—Se promulga la Constitución de los Estados Unidos Mexicanos. El país queda dividido en diecinueve estados, cuatro territorios y un Distrito Federal.

1824.
10 de octubre.—Por mayoría de votos es declarado presidente de la República el general Guadalupe Victoria.

1825.
12 de julio.—Míster Joel R. Poinsett le presenta al presidente Victoria sus credenciales como ministro de los Estados Unidos en México.

1825.
16 de septiembre.—Se solemniza por primera vez el aniversario de la Independencia, a solicitud del síndico del Ayuntamiento, don Wenceslao Sánchez de la Barquera.

1825.
16 de septiembre.—El presidente Victoria hace efectiva la abolición de la esclavitud.

1825.
18 de noviembre.—La guarnición española de San Juan de Ulúa capitula ante el gobernador de Veracruz, general Miguel Barragán. Se embarca con rumbo a Cuba.

1826.
3 de julio.—El comodoro Daniel Porter –marino norteamericano, experto conocedor de las aguas del Golfo– recibe el mando de la primera flota de guerra mexicana. Fue contratado por el gobierno del presidente don Guadalupe Victoria. Combatió sin éxito contra algunos barcos españoles, circunstancia por la que lo criticaron duramente. Presentó su renuncia el día 20 de septiembre de 1829.

1826.
16 de julio.—Inglaterra reconoce la independencia de México.

1826.
17 de julio.—Por iniciativa de Simón Bolívar se reúne en Panamá una Asamblea Americana para ajustar un tratado de alianza ofensiva-defensiva para estar en capacidad de manter la independencia y la integridad territorial, estipulándose la formación de un ejército de setenta mil hombres. El gobierno de Victoria no ratificó el tratado.

1827.
19 de enero.—Se descubre una conspiración para derrocar al gobierno, encabezada por los padres dieguinos españoles Joaquín Arenas y Francisco Martínez.

1827.
2 de junio.—Fusilan a los padres dieguinos Arenas

y Martínez. Arenas era un tipo de delincuente común, quien intentó atraer a gente importante para restablecer el dominio español en México. Fue denunciado por el general Ignacio Mora.

1827.
3 de diciembre.—En el Palacio Nacional muere Fray Servando Teresa de Mier, Noriega y Guerra, brillante político mexicano.

1827.
20 de diciembre.—El gobierno ordena la expulsión de españoles residentes en el país. Medida cruel, injusta y antieconómica, porque al emigrar muchos de ellos se llevaron sus capitales, con la consiguiente depresión económica en el país.

1827.
21 de diciembre.—En Otumba, se levanta en armas el teniente coronel don Manuel Montaño. Pide la desaparición de las sociedades secretas, la expulsión del embajador Poinsett y el cumplimiento de la Constitución.

1827.
29 de diciembre.—Se une a la rebelión el vicepresidente de la República, general Nicolás Bravo, gran maestre de la logia masónica escocesa.

1828.
7 de enero.—En Tulancingo el general Vicente Guerrero derrota a Montaño y a Bravo. Bravo fue desterrado a Guayaquil, Ecuador.

1828.
1 de septiembre.—En las elecciones presidenciales

18 de mayo de 1822: Iturbide es proclamado emperador de México.

efectuadas por las legislaturas de los estados, resulta candidato electo el general don Manuel Gómez Pedraza.

1828.

16 de septiembre.—En Jalapa, Ver., el general Antonio López de Santa Anna se levanta en armas y proclama la nulidad de la elección de Gómez Pedraza y reconoce como presidente legítimo al general don Vicente Guerrero.

1828.

29 de octubre.—Don Lorenzo de Zavala, gobernador del Estado de México, de acuerdo con algunos jefes militares que se sublevaron en la capital, se apodera del cuartel de La Acordada. Al general José María Lobato se le reconoce como jefe de la rebelión.

1828.

30 de octubre.—Azuzada por los anti-españolistas, la plebe de México saquea el Parián, emporio del comercio de la capital.

1828.

21 de diciembre.—Por decreto oficial, Valladolid cambia su nombre por el de Morelia, en honor de Morelos.

1829.

12 de enero.—El Congreso declara presidente de la República al general don Vicente Guerrero y vicepresidente a don Anastacio Bustamante.

1829.

27 de julio.—En Cabo Rojo, Veracruz, desembarca el brigadier español don Isidro Barradas. Lo acompañan cuatro mil hombres con armamento y municiones suficientes para levantar tropas, pues los emigrados convencieron al gobierno español de que México quería regresar a su dominio.

1829.

25 de agosto.—El embajador norteamericano Joel R. Poinsett, por encargo del gobierno de su país, le ofrece a México cinco millones de pesos por el territorio de Texas. El gobierno mexicano rechaza la oferta.

1829.

10 de septiembre.—El brigadier Isidro Barradas y sus cuatro mil soldados son derrotados y obligados a rendirse en Tampico. Las tropas mexicanas estaban al mando de los generales Antonio López de Santa Anna y Manuel Mier y Terán.

1829.

4 de diciembre.—En la ciudad de Durango, Dgo., nace don Francisco Zarco, declarado Benemérito de la Patria. Notable periodista y escritor; liberal de inquebrantables convicciones, de acrisolada honradez, y firme defensor de la libertad. Fundó el periódico **El Demócrata** y otras publicaciones; colaboró casi hasta su muerte en **El Siglo XIX,** de ilustre memoria; figuró brillantemente como diputado en el Congreso Extraordinario Constituyente y fue ministro de Gobernación y de Relaciones en el gabinete de Juárez. De su vasta obra, merece recordarse por su importancia los dos volúmenes de la **Historia del Congreso Extraordinario Constituyente de 1856-1857.** Murió el 29 de diciembre de 1869 en la ciudad de México.

1829.
5 de diciembre.—Se levanta en armas, desconociendo al gobierno del general Guerrero, Anastacio Bustamante, vicepresidente de la República, quien estaba situado en Jalapa con tropas para reforzar a las que combatían a Barradas.

1829.
18 de diciembre.—El general don Vicente Guerrero, con licencia de las Cámaras, sale a combatir a Bustamante, pero en cuanto sale de la capital la guarnición se levanta en armas y se suma a la rebelión.

1829.
20 de diciembre.—El Congreso declara a don Vicente Guerrero imposibilitado para gobernar la República, y reconoce como presidente de la misma al general Anastacio Bustamante.

1830.
1 de enero.—El general Anastacio Bustamante hace su entrada a la capital y don Vicente Guerrero marcha hacia el sur, en armas.

1830.
11 de marzo.—Con el Plan de Codallos el general don Juan José Codallos, comandante militar de Michoacán, se levanta en armas en Huetamo, desconociendo al presidente Bustamante y pidiendo el regreso del general Guerrero a la presidencia de la República. El plan fracasó completamente.

1830.
13 de octubre.—Por decreto del Congreso se crea el estado de Sonora y a su territorio se le anexa el distrito de Alamos del estado de Sinaloa.

1830.
16 de octubre.—Don Lucas Alamán funda el Banco de Avío, a efecto de refaccionar a los industriales del país e impulsar la industrialización de México.

1830.
21 de octubre.—El capitán de marina Francisco Picaluga recibe del gobierno la cantidad de cincuenta mil pesos por la aprehensión de don Vicente Guerrero.

1831.
14 de enero.—En Acapulco, el capitán Picaluga invita al general Guerrero a comer a bordo de su barco **Colombo.** Lo aprehende y leva anclas con rumbo a Huatulco, Oax., y lo entrega el día 20 al capitán Miguel González, comisionado para recibir al prisionero.

1831.
14 de febrero.—Después de un juicio sumario en Oaxaca, por el delito de conspiración, es fusilado el general don Vicente Guerrero en el pueblo de Cuilapan, Oax.

1831.
21 de noviembre.—Se funda el Museo Nacional.

1832.
2 de enero.—Se subleva en Veracruz contra Bustamante, el general Antonio López de Santa Anna. La rebelión fue secundada en Texas por el general Antonio Mejía, pidiendo la legitimidad de elección del presidente Gómez Pedraza.

1832.
2 de septiembre.—Dejando como presidente interi-

no al general don Melchor Múzquiz, el general Bustamante sale a combatir a los rebeldes del general Esteban Moctezuma. Lo derrota en la acción de El Gallinero, cerca de San Miguel el Grande.

1832.
16 de octubre.—En la capital de la República nace don Vicente Riva Palacio, novelista, poeta, cuentista, historiador, crítico, orador y periodista. Ocupó diversos cargos y participó en importantes hechos de armas en la guerra contra los franceses y contra el Imperio: gobernador del estado de México y del estado de Michoacán; magistrado de la Suprema Corte de Justicia; ministro de Fomento; general en jefe del Ejército del Centro y participante en la toma de Zitácuaro, en la toma de la ciudad de Toluca y en el sitio de Querétaro. Su obra y su vida le dan un puesto de honor entre los próceres de la patria y en las letras nacionales. Murió el 22 de noviembre de 1896.

1832.
23 de diciembre.—Triunfante Santa Anna, de Veracruz avanza a Puebla. El general Bustamante, abandonado por muchos de sus generales con mando de tropas, entra en tratos con Santa Anna en la hacienda de Zavaleta, Puebla, se firma el Convenio de ese nombre y Bustamante renuncia a la presidencia, la cual es ocupada por el general Manuel Gómez Pedraza.

1833.
3 de enero.—El general Manuel Gómez Pedraza entra a México. Había rendido la protesta de ley en la ciudad de Puebla.

1833.
16 de enero.—Nuevo decreto, firmado por Gómez

Pedraza, ordenando la expulsión de los españoles que habían permanecido en el país o habían regresado.

1833.
25 de marzo.—Se celebran elecciones y resulta electo presidente de la República el general don Antonio López de Santa Anna y vicepresidente el doctor Valentín Gómez Farías.

1833.
1 de abril.—Recibe la presidencia de la República el general Antonio López de Santa Anna, quien llegó a México hasta el día 16. Asumió el poder, en su lugar, el doctor Gómez Farías e inicia la primera reforma liberal en México.

1833.
1 de abril.—Texas pide su separación del estado de Coahuila.

1833.
18 de abril.—Se funda la Sociedad Mexicana de Geografía y Estadística.

1833.
26 de mayo.—En Morelia se levanta en armas, como protesta a las reformas de Gómez Farías, el general Ignacio Escalada, con el Plan de Religión y Fueros.

1833.
17 de agosto.—El gobierno mexicano decreta la secularización de los bienes de las Misiones de California, con el propósito de lograr la separación de la Iglesia y el Estado.

1833.
19 de octubre.—Ley de Gómez Farías que excluye al clero de la enseñanza.

1833.
19 de octubre.—Expídese un decreto por el cual se suprime la Universidad de México y se establece una Dirección General de Instrucción Pública.

1833.
24 de octubre.—Se expide un decreto por el que se establece la Biblioteca Nacional.

1833.
24 de octubre.—Gómez Farías dispone suprimir la Universidad y crear la Dirección de Instrucción Pública. Se funda la Biblioteca Nacional.

1833.
27 de octubre.—Por ley se suprime la obligación de pagar el diezmo eclesiástico, dejándolo al dictado de la conciencia de los fieles.

1833.
15 de noviembre.—Por ley se reducen los efectivos del ejército profesional para sustituirlos con la milicia nacional, organizada por los estados con elementos del pueblo.

1834.
16 de mayo.—Entra a México el general Antonio López de Santa Anna y ordena derogar todas las disposiciones reformistas de Gómez Farías.

1834.
13 de noviembre.—En Tixtla, perteneciente enton-

ces al estado de México y actualmente al de Guerrero, nace Ignacio Manuel Altamirano, sin duda de los más ilustres hombres de México y el escritor de mayor relieve en su tiempo. Patriota encendido, participa en la revolución de Ayutla, la guerra de Reforma, la Intervención francesa y el sitio de Querétaro. Diputado, magistrado de la Suprema Corte de Justicia, oficial mayor de la Secretaría de Fomento, cónsul general de México en España, perteneció a innumerables agrupaciones científicas y culturales, fundó diversos periódicos y revistas y consagró su vida a la enseñanza y a las letras. Muere en San Remo (Italia) el 13 de febrero de 1893.

1835.
1 de enero.—Ocupando nuevamente la presidencia, Santa Anna disuelve las Cámaras de la Unión, destituye a los gobernadores y ayuntamientos, desarma a las milicias y expulsa a Gómez Farías.

1835.
22 de marzo.—Expídese un decreto para establecer la Academia de la Lengua. Su director y fundador lo fue don José Gómez de la Cortina. Entre sus académicos figuraron, entre otros, Andrés Quintana Roo, José María Heredia, Carlos María de Bustamante, José Joaquín Pesado, Bernardo Couto, Lucas Alamán y José María Lafragua.

1835.
11 de mayo.—En Guadalupe, Santa Anna derrota a los cívicos zacatecanos comandados por don Francisco García Salinas.

1835.
23 de mayo.—El gobierno centralista de Santa Anna

declara territorio al actual estado de Aguascalientes, segregándolo de Zacatecas. El 30 de diciembre de 1836 es elevado a Departamento y la Constitución de 1857 lo declara Estado libre y soberano de la Federación.

1835.

23 de octubre.—Se instala un Congreso Constituyente para votar leyes por cuyo mandato los estados se transformaban en Departamentos. En esta fecha se inició la primera República centralista.

1835.

7 de noviembre.—Se celebra una convención de colonos en San Felipe de Austin, en la cual se declara que Texas tenía derecho a separarse de la República Mexicana por haberse abandonado el sistema federal. Sin embargo continuaría siendo fiel si se respetaba la Constitución federal.

1835.

15 de diciembre.—En pie de guerra, las milicias texanas, atacan a las pequeñas guarniciones mexicanas de San Antonio y del fuerte Velasco.

1836.

23 de febrero.—Dejando como presidente interino al general Miguel Barragán (quien pronto murió, ocupando su puesto el licenciado José Justo Corro), el general Santa Anna toma el mando de un ejército de seis mil hombres y llega, en esta fecha, a San Antonio de Béjar, en Texas.

1836.

2 de marzo.—En Nueva Washington los colonos texanos firman la declaración definitiva de su independencia de México para constituirse en República, con Samuel Houston como presidente y Lorenzo de Zavala como vicepresidente.

1836.
5 de marzo.—Las tropas mexicanas capturan el fuerte de El Alamo, en San Antonio de Béjar, en Texas. Santa Anna hace fusilar a todos los prisioneros.

1836.
20 de marzo.—Batalla de Golhiad, en Texas. En ella el general José Urrea, con las tropas de Durango, derrota y hace prisionero al general J. W. Fanning junto con trescientos texanos.

1836.
21 de abril.—Los texanos, al mando directo de Samuel Houston, sorprenden a Santa Anna en un lugar llamado San Jacinto.

1836.
22 de abril.—El general Vicente Filisola ordena la retirada del ejército hasta Matamoros.

1836.
1 de mayo.—El gobierno mexicano, presidido por don José Justo Corro, desconoce el Tratado de Velasco y da la orden de alistar tropas para una nueva campaña contra los rebeldes.

1836.
14 de mayo.—Ya prisionero, Santa Anna firma en la población de Velasco un tratado con el presidente de Texas, David G. Burnet, obligándose a no volver a tomar las armas contra Texas, a reconocer su in-

dependencia y a influir para que no se enviasen más tropas de México.

1836.

Junio.—Se funda la Academia de San Juan de Letrán, que toma el nombre del colegio de San Juan de Letrán fundado por el virrey don Antonio de Mendoza. Su primer presidente lo fue don Andrés Quintana Roo y en ella participó lo más granado de la intelectualidad de aquel entonces: Ignacio Ramírez, Guillermo Prieto, Fernando Calderón, Ignacio Rodríguez Galván, Hilarión Frías y Soto, Manuel Carpio, José Joaquín Pesado, Casimiro del Collado, José María Lafragua, Manuel Payno, etcétera. La grandeza de la Academia –según dice Guillermo Prieto– "fue su tendencia decidida a mexicanizar la literatura, emancipándola de toda otra y dándole carácter peculiar".

1836.

22 de noviembre.—Desembarca en Veracruz, procedente de los Estados Unidos, el general Antonio López de Santa Anna y se refugia en su hacienda de Manga de Clavo. Nadie le pidió cuentas de su vergonzosa derrota en Texas.

1836.

28 de diciembre.—Se celebra el tratado Santa María-Calatrava, por el cual España reconoce la independencia de México. Fue firmado en Madrid por el comisionado mexicano don Miguel Santa María y por el ministro de Estado español don José María Calatrava.

1837.

19 de abril.—De acuerdo con la Constitución centralista, asume el Poder Ejecutivo el general Anastacio Bustamante.

1837.
22 de agosto.—El gobierno del general Bustamante concede autorización a don Francisco Arrillaga para construir un ferrocarril. Santa Anna restablece los Derechos de Avería en el comercio marítimo y con el dinero que se juntase, construir un ferrocarril de Veracruz al río San Juan. El mismo Santa Anna (1853) dio concesión a Juan Laurié Rickard para construir el ferrocarril México-Veracruz. Se construyeron algo más de trece kilómetros. En 1857 se otorgó la concesión a don Antonio Escandón. El 1 de enero de 1873, el presidente Lerdo inauguró la línea México-Veracruz, que se denominó Ferrocarril Mexicano.

1837.
25 de septiembre.—Sale de México el embajador francés, barón Deffaudis, para exponer en Francia la necesidad de presionar a México para que reconozca y pague el dinero que adeuda por diversos conceptos.

1838.
16 de marzo.—Llega a la isla de Sacrificios una escuadra de diez barcos de guerra; en ella venía el barón Deffaudis para hacer las reclamaciones. La escuadra estaba al mando del almirante Bazoche.

1838.
21 de marzo.—El barón Deffaudis presenta un ultimátum al gobierno mexicano, pero éste no se digna contestar.

1838.
16 de abril.—El almirante Bazoche declara rotas las hostilidades entre México y Francia.

1838.
27 de octubre.—Son trasladados los restos de Iturbide, con gran solemnidad, de Padilla, Tamps., a la catedral de México.

1838.
13 de noviembre.—Llega a Veracruz la fragata francesa **Nereida,** en la cual venía el capitán Carlos Baudin, encargado de las negociaciones con México.

1838.
27 de noviembre.—Los barcos franceses abren el fuego contra la fortaleza de Ulúa.

1838.
28 de noviembre.—Por la voladura del depósito de pólvora y por la pérdida de la artillería, el general Manuel Rincón capitula.

1838.
4 de diciembre.—El gobierno mexicano desaprueba la capitulación de Ulúa y acepta los servicios del general Antonio López de Santa Anna y lo pone al mando de las tropas.

1838.
5 de diciembre.—Al mando de una columna de trescientos hombres, Santa Anna ataca a ochenta marinos franceses que habían desembarcado. Con el disparo de una pequeña pieza de artillería, los franceses hieren a Santa Anna en la pierna derecha.

14 de enero de 1831: Don Vicente Guerrero es aprehendido a bordo del barco "Colombo", siendo fusilado el 14 de febrero del mismo año.

1839.
9 de marzo.—El gobierno mexicano entra en negociaciones con los franceses y se les pagan seiscientos mil pesos por concepto de indemnizaciones, entre ellas la de un pastelero de Tacubaya apellidado Remontel.

1839.
18 de marzo.—Sale el presidente a Tampico a batir a los sublevados contra el centralismo y encarga la presidencia al general Santa Anna.

1839.
30 de abril.—Sale Santa Anna a Puebla a batir a los rebeldes y los derrota en Acajete.

1839.
19 de julio.—Santa Anna entrega el poder al general Nicolás Bravo hasta el regreso de Bustamante, quien se sostiene en la presidencia hasta el 22 de septiembre de 1841.

1840.
15 de julio.—Don Valentín Gómez Farías subleva a un batallón, se apodera de Palacio y del presidente Bustamante.

1840.
27 de julio.—Puesto en libertad Bustamante, se pone al frente de las tropas y logra sofocar la rebelión. Gómez Farías escapa al destierro.

1841.
31 de marzo.—Don Santiago Imán, quien se sublevó en Tizimín, Yucatán, declaró que éste permanecería independiente de la República hasta que México volviese al sistema federal.

1841.
8 de agosto.—El general Mariano Paredes y Arrillaga se subleva en Guadalajara, proclama un Plan para convocar a un Congreso y declara a Bustamante incapaz para gobernar y reformar la Constitución.

1841.
1 de septiembre.—En Perote se levanta en armas el general Santa Anna, desconociendo al presidente Bustamante.

1841.
22 de septiembre.—Bustamante se pone al frente de las tropas para ir a combatir a los sublevados, encargando la presidencia a don Francisco Javier Echeverría.

1841.
28 de septiembre.—El presidente Bustamante entra en tratos con Santa Anna. Celebran un armisticio y los pronunciados redactan el Plan de Tacubaya, pidiendo se nombrara un presidente provisional y se convocara a un nuevo Congreso Constituyente.

1841.
11 de octubre.—Nombrado presidente provisional, Santa Anna toma posesión, en esta fecha, de los Poderes.

1842.
10 de junio.—Se reúne un nuevo Congreso Constituyente y se formula una Constitución de tendencias federalistas.

1842.
18 de diciembre.—El gobierno de Santa Anna disuelve el Congreso Constituyente.

1843.
1 de marzo.—Santa Anna se retira del gobierno, dejando en su lugar al general don Nicolás Bravo. Este convoca a una Junta Nacional Legislativa.

1843.
12 de junio.—La Junta Nacional Legislativa elabora una nueva Constitución con el nombre de Bases Orgánicas, con lo que origina la Segunda República Centralista.

1843.
15 de diciembre.—Por gestiones de don Andrés Quintana Roo y del general Pedro Ampudia, Yucatán se reincorporó a la República Mexicana, pero como no se cumplieron los compromisos, volvió a proclamar su autonomía.

1844.
21 de marzo.—Muere en Perote, Ver., el general don Guadalupe Victoria, primer presidente de México y antiguo y ameritado insurgente.

1844.
2 de noviembre.—En Guadalajara se subleva el general Mariano Paredes y Arrillaga contra el gobierno de Santa Anna.

1844.
2 de diciembre.—El Ejecutivo decreta la suspensión de las atribuciones de las Cámaras, pero disgustadas, desconocen al Poder Ejecutivo y nombran presidente de la República al general José Joaquín de Herrera.

1845.
1 de marzo.—El Congreso norteamericano aprueba la anexión de Texas a los Estados Unidos, en res-

puesta a una solicitud hecha por los texanos desde el día 12 de abril de 1844. Texas declaró que sus límites al sur estaban formados por el río Grande, siendo que siempre habían llegado hasta el río Nueces, más al norte.

1845.
3 de junio.—En el puerto de La Antigua, Ver., el general Antonio López de Santa Anna sale al destierro en dirección a La Habana.

1845.
14 de diciembre.—En San Luis Potosí se pronuncia el general Paredes y Arrillaga con seis mil soldados que estaban bajo sus órdenes para marchar sobre Texas. Derrocó al presidente don José Joaquín de Herrera y entró a México el 2 de enero de 1846.

1845.
29 de diciembre.—El gobierno norteamericano declara oficialmente la inminencia de un estado de guerra con México, pues este país se negaba a reconocer la independencia de Texas.

1846.
4 de marzo.—El estado de Yucatán se declara neutral en la guerra contra los Estados Unidos.

1846.
15 de marzo.—Un destacamento mexicano rechaza y hace prisionero a un escuadrón de caballería norteamericano en un lugar llamado Carrizaleño. Esto da lugar a que los Estados Unidos se declaren agredidos y voten la guerra contra México.

1846.
24 de abril.—En Matamoros, toma el mando de las

tropas mexicanas el general Mariano Arista y ordena el avance hacia el enemigo.

1846.
8 de mayo.—Batalla de Palo Alto. Los norteamericanos derrotan a las tropas del general Arista.

1846.
9 de mayo.—Batalla de la Resaca de La Palma. Los seis mil soldados de Arista vuelven a ser derrotados por los norteamericanos, comandados por el general Zacarías Taylor. Arista ordena la retirada a Matamoros.

1846.
11 de mayo.—El presidente Polk declara oficialmente la guerra a México.

1846.
16 de mayo.—Dejando cuatrocientos heridos y toda la artillería, el general Mariano Arista abandona Matamoros y se retira a Monterrey. Es relevado del mando y sujeto a proceso. Lo sustituye el general Pedro Ampudia.

1846.
20 de mayo.—Don Valentín Gómez Farías y el general José María Yáñez se sublevan en Guadalajara contra el presidente Paredes y el régimen centralista, pidiendo el regreso de Santa Anna al poder.

1846.
21 de mayo.—La escuadra norteamericana empieza el bloqueo de Veracruz.

1846.
1 de julio.—Sale el general Paredes a combatir a

los sublevados de Guadalajara, encargando el gobierno al general Nicolás Bravo. Al día siguiente se levanta en armas la guarnición de la plaza con el general Mariano Salas, desconociendo al gobierno de Paredes y proclamando presidente a Santa Anna.

1846.
28 de agosto.—En la Alta California el teniente coronel John C. Fremont levanta la Bandera del Oso, fundando la República de California.

1846.
12 de septiembre.—Con la anuencia de las fuerzas navales norteamerincanas que bloqueaban el puerto, desembarca el general Santa Anna en Veracruz.

1846.
18 de septiembre.—Las tropas norteamericanas del general Taylor llegan frente a Monterrey y el día 20 empiezan el ataque a la plaza.

1846.
24 de septiembre.—Después de cuatro días de combates, capitula el general Ampudia, obteniendo una suspensión de operaciones por siete semanas para salir de la plaza de Monterrey con todas sus tropas, armas y honores de guerra. Se pone en marcha hacia Saltillo.

1846.
25 de septiembre.—Las tropas del general Kearney ocupan Santa Fe, en Nuevo México.

1846.
6 de diciembre.—Entra a la capital mexicana el general Antonio López de Santa Anna y recibe la pre-

sidencia de la República. Designa vicepresidente a don Valentín Gómez Farías.

1846.

14 de diciembre.—Campeche, siguiendo el ejemplo de Yucatán, se declara neutral en la guerra de México con los Estados Unidos.

1846.

16 de diciembre.—Por instrucciones de Santa Anna, el general Anastacio Parrodi abandona el puerto de Tampico para unirse al Ejército del Norte, que estaba concentrándose en San Luis Potosí. La desocupación de Tampico se hace con tal premura que se pierde mucho material de guerra. Quinientos marinos americanos se apoderan del puerto.

1846.

17 de diciembre.—Por instrucciones de Santa Anna, el general Pedro Ampudia, con los restos de las tropas capituladas en Monterrey, abandona Saltillo para unirse a Santa Anna en San Luis Potosí. Como había terminado la suspensión de armas a la que se comprometieron los norteamericanos en Monterrey desde el 13 de noviembre, los soldados de Taylor ocupan Saltillo y Aguanueva.

1846.

24 de diciembre.—Sale el general Santa Anna de México a ponerse al frente del Ejército del Norte, el cual se está reuniendo en San Luis Potosí. Queda encargado del gobierno don Valentín Gómez Farías.

1847.

11 de enero.—Como el clero se niega a prestar ayuda económica para la guerra contra el extranjero,

Gómez Farías firma un decreto ordenando la incautación de los bienes de la iglesia en la ciudad de México.

1847.
28 de enero.—El Ejército del Norte, reunido en San Luis Potosí bajo las órdenes de Santa Anna, sale de la ciudad, en dirección a Saltillo, para combatir a los norteamericanos del ejército principal, a las órdenes de Taylor.

1847.
5 de febrero.—El coronel norteamericano Doniphan ocupa Paso del Norte.

1847.
23 de febrero.—Batalla de La Angostura o de Buenavista. Los norteamericanos son prácticamente derrotados y pierden importantes posiciones, artillería, tres banderas, prisioneros y muchos muertos y heridos. El ejército mexicano, famélico, en su mayor parte estaba formado por reclutas tomados de leva. Los héroes de la jornada fueron las tropas y los generales Villamil, Lombardini, Miñón, Juvera, Torrejón, Vázquez y Urrea. Sorpresivamente, con pretextos varios pero sin causa justificada, el general en jefe, Santa Anna, ordena abandonar el campo y retirarse a Aguanueva y a San Luis.

1847.
27 de febrero.—El general Matías de la Peña Barragán encabeza el motín de los **Polkos,** jóvenes que en México habían formado dos batallones para combatir contra los norteamericanos. Fue una rebelión contra Gómez Farías por haber decretado la incautación de los bienes del clero en la ciudad de México.

1847.
9 de marzo.—Desembarcan los norteamericanos en las playas de Veracruz.

1847.
13 de marzo.—Los norteamericanos terminan de circunvalar la plaza de Veracruz, casi sin guarnición, enviando el general Winfield Scott, general en jefe norteamericano, una intimación para que se rinda el puerto.

1847.
29 de marzo.—Los norteamericanos ocupan Veracruz tras la desesperada resistencia que desde el día 22, fecha en que empezó el bombardeo, opuso la guarnición y los habitantes a las órdenes de los generales Juan Morales Landeros y Francisco Durán. Santa Anna los mandó poner presos por haberse rendido.

1847.
18 de abril.—La división Twiggs derrota al general Ciriaco Vázquez en el Cerro del Telégrafo o Cerro Gordo, en Veracruz.

1847.
15 de mayo.—La división mandada por el general Worth toma Puebla, sin encontrar la menor resistencia.

1847.
18 de julio.—Los caciques mayas Jacinto Pat, Cecilio Chi y Antonio Ay, encabezan la guerra de Castas en Yucatán.

1847.
7 de agosto.—Nicolás Trist, enviado especial de los

Estados Unidos, pide una tregua para entrar en negociaciones. El gobierno mexicano la concede y se integra una comisión para tal efecto, la cual queda formada por los generales José Joaquín de Herrera e Ignacio Mora y Villamil y por los licenciados José Bernardo Couto y Miguel Atristáin. No se llega a ningún acuerdo porque los norteamericanos pedían Texas, Nuevo México, ambas Californias y parte de los Estados de Sonora, Chihuahua, Coahuila, Nuevo León y Tamaulipas así como el libre tránsito por el Istmo de Tehuantepec, ofreciendo a cambio una indemnización. Se dio por concluido el armisticio el día 6 de septiembre.

1847.

11 de agosto.—Llega al Valle de México el ejército norteamericano.

1847.

20 de agosto.—El general Gabriel Valencia es derrotado por los norteamericanos en las Lomas de Padierna, Distrito Federal.

1847.

22 de agosto.—Batalla de Churubusco, posición defendida por los batallones de **polkos,** por la compañía de San Patricio y por algunos voluntarios a las órdenes del general Pedro María Anaya. Se enfrentan contra la división Pillow, pero Anaya, seriamente quemado de la cara, tiene que rendirse por carecer de municiones.

1847.

8 de septiembre.—Batalla de Molino del Rey. Mueren en la acción el coronel Lucas Balderas y el general Antonio León. Fue la batalla más costosa en vidas para los norteamericanos.

1847.
9 de septiembre.—En San Angel los norteamericanos ahorcan a dieciséis soldados irlandeses que se pasaron al ejército mexicano; a cuatro más en Mixcoac el día 10; a treinta el día 13 y, finalmente, en Tacubaya, a otros 22.

1847.
13 de septiembre.—Defensa de Chapultepec por los alumnos del Colegio Militar. Al pie de la falda del cerro muere el coronel don Santiago Felipe Xicoténcatl, enviado a última hora como refuerzo para defender la posición. Casi todo su batallón, llamado de San Blas, es aniquilado y muere en la batalla por la superioridad de las fuerzas enemigas.

1847.
15 de septiembre.—Después de una última resistencia en la garita de la Tlaxpana, entra el ejército norteamericano a la ciudad de México.

1847.
16 de septiembre.—Renuncia a la presidencia de la República el general López de Santa Anna, quien trata de organizar la resistencia nacional dirigiéndose a Huamantla, Tlaxcala, para atacar a un convoy de víveres de los norteamericanos.

1847.
16 de septiembre.—Recibe interinamente la presidencia de la República el licenciado don Manuel de la Peña y Peña. Inmediatamente ordena quitarle el mando militar a Santa Anna y sujetarlo a proceso.

1847.
1 de octubre.—En Huamantla, Tlaxcala, el capitán

22 de agosto de 1837: El gobierno del general Bustamante concede la autorización para construir el primer ferrocarril en México.

Eulalio Villaseñor y la guerrilla del padre Jarauta derrotan al contra-guerrillero Walker, quien muere en el campo de la acción.

1847.
19 de octubre.—Después de bombardear el puerto de Guaymas, desembarcan seiscientos marinos norteamericanos.

1847.
20 de octubre.—El gobierno mexicano se establece en Querétaro.

1847.
2 de noviembre.—Huye Santa Anna y se embarca en Veracruz para refugiarse en Turbaco, Colombia.

1848.
5 de enero.—El general Scott y Mr. Trist, por instrucciones de su gobierno, negocian nuevas conferencias de paz con México. Son aceptadas.

1848.
2 de febrero.—Finalmente, se firma en la Villa de Guadalupe, Hidalgo, el Tratado de Paz entre México y los Estados Unidos, por el cual quedaba en poder de los norteamericanos una extensión de ciento diez mil leguas cuadradas. México recibía a cambio la mísera suma de quince millones, quedando libre de toda otra reclamación.

1848.
20 de abril.—Las tropas norteamericanas salen del territorio mexicano.

1848.
3 de junio.—El Congreso nombra presidente de la

República al general don José Joaquín de Herrera, por renuncia del licenciado Peña y Peña.

1848.
19 de junio.—El gobierno del general Herrera ordena la creación de colonias militares a lo largo de la nueva frontera con los Estados Unidos.

1848.
19 de julio.—Es fusilado, en Valenciana, Guanajuato, el padre Marcelino Domeco Jarauta. Heroicamente sostuvo la guerra de guerrillas contra los norteamericanos, a tal punto que le pusieron precio a su cabeza, pero se negó a reconocer los tratados de paz de Guadalupe Hidalgo y se levantó en armas. Fue derrotado y hecho prisionero. El general Anastacio Bustamante lo mandó fusilar.

1848.
17 de agosto.—El gobernador don Manuel Barbachano declara la reincorporación de Yucatán a la República Mexicana.

1849.
8 de enero.—El general Mariano Arista resulta electo presidente de la República.

1849.
1 de septiembre.—El general Canales se subleva en Ciudad Guerrero y poco después en Camargo, Tamaulipas, el general José María Carvajal. Proclaman la creación de la República de Sierra Gorda. Las tropas del gobierno los derrotan.

1849.
27 de octubre.—Decreto del Congreso Federal creando el actual estado de Guerrero.

1850.
2 de enero.—Fallece en México el licenciado don Manuel de la Peña y Peña.

1850.
24 de enero.—Los indígenas mayas entregan a las autoridades de Valladolid; Yucatán, un documento que contiene varias proposiciones para deponer su rebeldía.

1850.
14 de julio.—Muere en México el doctor José María Luis Mora, padre del liberalismo mexicano.

1850.
16 de agosto.—Se publica y pone a la venta la primera carta geográfica de la República Mexicana.

1851.
15 de abril.—Fallece en México don Andrés Quintana Roo, prócer de la Independencia.

1851.
2 de octubre.—Entra en servicio el telégrafo entre México y Puebla, establecido por el español don Juan de la Granja.

1852.
2 de febrero.—El aventurero francés, conde Gastón Rousset de Boulbon, con una partida de trescientos filibusteros de diferentes nacionalidades y procedentes de California, sorprenden a la guarnición mexicana de Hermosillo, Son.

1852.
2 de febrero.—En la ciudad de Aguascalientes nace el extraordinario grabador José Guadalupe Posada,

considerado con justicia el precursor del muralismo mexicano. Murió en la ciudad de México en 1913.

1852.
26 de julio.—El sombrerero José María Blancarte, coronel de milicias de Jalisco, se disgusta con el gobernador del Estado, licenciado Jesús López Portillo. Blancarte logra apoderarse de Palacio, obligando a López Portillo a escapar a Lagos.

1852.
13 de septiembre.—Se produce la sublevación del coronel Francisco Bahamonde en La Piedad, Mich., pidiendo se desconozca a Arista como presidente y que regrese Santa Anna al poder.

1852.
20 de octubre.—Se organiza el cabildo eclesiástico. Los grandes propietarios, los comerciantes y los empleados públicos aceptan el llamado Plan del Hospicio, de Guadalajara, el cual aprueba lo hecho por Blancarte, pide el regreso de Santa Anna y se convoque a un Congreso Constituyente.

1853.
4 de enero.—Sin recursos, Arista pide al Congreso facultades extraordinarias para combatir a la revolución, pero le son negadas. Presenta su renuncia y le entrega el poder a don Juan Bautista Ceballos.

1853.
19 de enero.—Como el Congreso se muestra partidario de Santa Anna, el presidente Ceballos lo manda disolver.

1853.
4 de febrero.—La guarnición de México, sublevada

conjuntamente con el general José María Lombardini, secunda el Plan del Hospicio y se pone de acuerdo con los rebeldes de Guadalajara en los convenios de Arroyo Zarco, Estado de México. Recibe la presidencia interina el propio general Lombardini.

1853.
20 de abril.—Recibe la presidencia de la República el general Antonio López de Santa Anna. Nombra un Gabinete formado por conservadores, tales como Lucas Alamán, Teodosio Lares, general Antonio Haro y Tamariz y general José María Tornell.

1853.
25 de abril.—Santa Anna dicta una ley de imprenta para acabar con la prensa de oposición.

1853.
17 de noviembre.—Por un acta levantada en Guadalajara, Santa Anna es nombrado Dictador Perpetuo y Alteza Serenísima.

1853.
13 de diciembre.—Se vende La Mesilla, territorio de cien mil kilómetros cuadrados situado entre Chihuahua y Sonora, al representante norteamericano James Gadsden en diez millones de pesos, de los cuales, en julio de 1854, sólo son pagados siete millones.

1854.
24 de enero.—Fundación de la Academia Mexicana de la Lengua, correspondiente de la Española.

1854.
1 de marzo.—En Ayutla, Gro., el coronel Florencio

Villarreal proclama un plan político desconociendo al gobierno de Santa Anna y determinando que una junta de gobierno designara a un presidente interino para convocar a un Congreso Constituyente.

1854.
11 de marzo.—El coronel don Ignacio Comonfort se adhiere al Plan de Ayutla en Acapulco, donde era jefe de la Aduana. Reconoce como jefe de la Revolución al antiguo insurgente don Juan Alvarez.

1854.
22 de abril.—Muere en Chilpancingo el general don Nicolás Bravo, héroe de la Independencia y ex presidente de la República.

1854.
13 de julio.—Con cuatrocientos filibusteros el conde Rousset de Bourbon ocupa el puerto de Guaymas. Es atacado, derrotado y hecho prisionero por el comandante militar de Sonora, general José María Yáñez.

1854.
12 de agosto.—Es fusilado en Guaymas, Son., el conde Rousset de Bourbon.

1854.
15 de septiembre.—Por primera vez se canta el Himno Nacional Mexicano, del maestro Jaime Nunó y de don Francisco González Bocanegra. El primero escribió la música y el segundo la letra.

1854.
7 de diciembre.—Desembarca en Zihuatanejo el coronel Comonfort, con armas y municiones adquiridas en los Estados Unidos.

1855.
17 de enero.—Es fusilado en Huetamo, Mich., el coronel Francisco Bahamonde.

1855.
13 de mayo.—Se subleva en Lampazos, Nuevo León, don Santiago Vidaurri para adherirse al Plan de Ayutla.

1855.
9 de agosto.—Ante el triunfo de la revolución de Ayutla por todo el territorio nacional, Santa Anna sale de la ciudad de México con rumbo a Veracruz; el día 13 se embarca para dirigirse al destierro en La Habana.

1855.
13 de agosto.—Se subleva la guarnición de México proclamando el Plan de Ayutla y nombra presidente de la República al general Rómulo Díaz de la Vega.

1855.
10 de octubre.—El coronel Menchaca derrota en Río Escondido a trescientos filibusteros que se habían internado en territorio nacional.

1855.
14 de octubre.—En Cuernavaca, el general don Juan Alvarez es reconocido como presidente de la República. Entra a México el día 15.

1855.
16 de octubre.—El general don Juan Alvarez, presidente interino de la República, convoca a un Congreso Constituyente.

1855.
23 de noviembre.—Se promulga la Ley de Supresión de Fueros eclesiásticos y militares.

1855.
11 de diciembre.—El general Alvarez, enfermo y anciano, renuncia a la presidencia de la República y se nombra como sustituto al general Ignacio Comonfort.

1856.
5 de enero.—En la sierra Zacapoaxtla, Pue., se sublevan los generales Antonio Haro y Tamariz, Orihuela y Luis G. Osollo. La brigada del general De la Llave, enviada a combatirlos, se pasa al enemigo abandonando a su jefe.

1856.
12 de enero.—El general Severo del Castillo, enviado a Puebla a combatir a los sublevados, se pasa al enemigo.

1856.
8 de marzo.—El presidente Comonfort se pone personalmente en marcha a Puebla con quince mil hombres para combatir a los sublevados. Los derrota en la batalla de Ocotlán.

1856.
25 de junio.—Promulgación de la ley Lerdo, desamortización de bienes eclesiásticos.

1856.
15 de septiembre.—Es descubierta una conspiración clerical en contra del gobierno en el convento de San Francisco, México.

1856.

17 de septiembre.—El presidente Comonfort manda suprimir la Orden de San Francisco y manda abrir una calle para destruir gran parte del edificio.

1857.

26 de enero.—En Tunas Blancas, S.L.P., el general Anastacio Parrodi derrota al general Luis G. Osollo, brillante jefe conservador.

1857.

27 de enero.—Se establece la Ley del Registro Civil.

1857.

30 de enero.—El gobierno liberal pone en vigor la Ley de Secularización de Cementerios.

1857.

5 de febrero.—Promulgación de la Constitución.

1857.

21 de febrero.—El presidente Comonfort ordena por decreto sustituir el uso de sobres sellados, establece el empleo de las estampillas y autoriza una primera emisión postal, la primera en México.

1857.

1 de abril.—El comandante de la guarnición de Caborca, Sonora, capitán Lorenzo Rodríguez, con la ayuda de los vecinos armados derrota y hace prisioneros a cincuenta y cuatro filibusteros al mando del norteamericano Enrique A. Crabb. Se les instruyó juicio y fueron fusilados al siguiente día.

1857.

9 de abril.—El gobernador del Distrito Federal, don

Juan José Baz, el Jueves Santo ordenó apresar a los miembros del Cabildo Metropolitano por haberse negado a reconocer la Constitución. Hubo un motín frente a la Catedral, que el pueblo llamó "Batalla del Jueves Santo."

1857.
11 de abril.—El gobierno del presidente Comonfort publica un decreto que suprime la coacción de las autoridades civiles para el cobro de las obvenciones parroquiales.

1857.
15 de mayo.—Se proclama el Estatuto Orgánico que legalizaba el régimen liberal.

1857.
4 de julio.—Inauguración del ferrocarril de México a la Villa de Guadalupe.

1857.
7 de agosto.—Revuelta en Campeche para obtener su separación de Yucatán. El decreto de la división territorial se firma el 15 de mayo de 1858.

1857.
14 de septiembre.—El presidente sustituto, Ignacio Comonfort, decreta nuevamente la supresión de la Universidad de México y establece que todos los impresores de la capital tienen la obligación de contribuir para el fondo de la Biblioteca Nacional, con dos ejemplares de los que publiquen y que serían multados de no acatar la disposición.

1857.
1 de diciembre.—De acuerdo con la nueva Cons-

titución, salen electos: para presidente de la República, el general don Ignacio Comonfort y para presidente de la Suprema Corte, el licenciado don Benito Juárez.

1857.
17 de diciembre.—La brigada Zuloaga, estacionada en Tacubaya, se subleva proclamando el Plan de Tacubaya, el cual exigía la supresión de la Constitución de 1857. El presidente Comonfort acepta el plan.

1857.
23 de diciembre.—Al enterarse del Golpe de Estado de Comonfort, el gobierno del estado de Jalisco encabeza la integración de tropas de los Estados Federales dispuestos a luchar por la Constitución de 1857, que son puestas a las órdenes del general Anastacio Parrodi.

1858.
11 de enero.—De acuerdo con el Plan de Tacubaya, los sublevados desconocen a Comonfort y nombran en su lugar al general Félix Zuloaga.

1858.
18 de enero.—El Presidente de la Suprema Corte, presidente de la República por mandato de la ley, establece el gobierno constitucional en Guanajuato, bajo la protección del gobernador del Estado, general y licenciado don Manuel Doblado.

1858.
21 de enero.—Abandonado por liberales y conservadores, el general Ignacio Comonfort embarca en Veracruz rumbo a los Estados Unidos.

13 de septiembre de 1847: Defensa de Chapultepec por los alumnos del Colegio Militar, contra las tropas norteamericanas.

1858.

14 de febrero.—El gobierno constitucional, presidido por el licenciado Juárez, llega a establecerse en Guadalajara.

1858.

26 de febrero.—Las tropas federales, a las órdenes del general Parrodi, toman posiciones en Celaya para enfrentárseles a los conservadores que estaban en Querétaro bajo las órdenes del general Luis G. Osollo.

1858.

8 de marzo.—Después de una escaramuza, el general Parrodi ordena retirarse a Salamanca. Celaya queda en poder de los conservadores de Osollo.

1858.

9 de marzo.—En la batalla de Salamanca los liberales, al mando de Parrodi, son derrotados completamente por las tropas de Luis G. Osollo.

1858.

12 de marzo.—En Romita, Gto., el general don Manuel Doblado se rinde, junto con las milicias de la Guardia Nacional de Guanajuato, al general Osollo.

1858.

13 de marzo.—El 5º batallón, a las órdenes del general Antonio Landa, se subleva en Guadalajara y apresa a Juárez y a su Gabinete.

1858.

14 de marzo.—El teniente Filomeno Bravo, con veinticinco de sus soldados, intenta fusilar a Juárez y a los miembros de su Gabinete en el Palacio de Gobierno de Guadalajara. Los salvó una arenga de don Guillermo Prieto, la intervención del general Landa y los reiterados ataques de la Guardia Nacional de Jalisco, al frente de la cual estaba el coronel Cruz Aedo.

1858.
20 de marzo.—Juárez y su Gabinete salen de Guadalajara con rumbo a Manzanillo, escoltados por ochenta rifleros a las órdenes del coronel Francisco Iniestra.

1858.
23 de marzo.—El general Anastacio Parrodi, alcanzado por las tropas conservadoras del general Miguel Miramón, se rinde en San Pedro Tlaquepaque.

1858.
28 de marzo.—Dejando con amplias facultades a don Santos Degollado como Ministro de la Guerra, el presidente Juárez y su Gabinete se embarcan en Manzanillo en un vapor norteamericano que los llevó a Panamá.

1858.
11 de abril.—Ocupa Zacatecas el general Miramón; deja una guarnición a las órdenes del general Antonio Manero y marcha a San Luis Potosí.

1858.
17 de abril.—Miramón derrota a los Voluntarios de Tamaulipas, mandados por el general Juan Zuazua, en el Puerto de Carretas. Zuazua marcha con rumbo a Zacatecas.

1858.
28 de abril.—El general liberal Juan Zuazua cap-

tura la plaza de Zacatecas y hace fusilar a los generales Manero, Gallardo, Landa, Aduna y Drechi, iniciando así una guerra sangrienta y de venganza.

1858.
4 de mayo.—A bordo del vapor **Filadelfia,** Juárez y su Gabinete llegan de Panamá a establecer el gobierno constitucional en el puerto de Veracruz, bajo la protección del gobernador don Manuel Gutiérrez Zamora.

1858.
18 de junio.—En San Luis Potosí muere de tifo el brillante jefe militar conservador, general Luis Gonzaga Osollo. Lo sustituye el general Miguel Miramón.

1858.
5 de julio.—Muere en la ciudad de México el doctor don Valentín Gómez Farías, uno de los más notables políticos liberales y gran reformista.

1858.
29 de septiembre.—En Ahualulco de Pinos, el general Miguel Miramón derrota a las tropas liberales de los Estados del Norte.

1858.
15 de octubre.—El general Miguel Blanco, de la división Degollado, saquea con la brigada a sus órdenes, la catedral de Morelia y la iglesia de San Juan de los Lagos.

1858.
17 de octubre.—El cacique del territorio de Tepic, Manuel Lozada, se une a la causa conservadora al frente de milicias de indios coras y huicholes. En

su primera batalla derrotan a los liberales del coronel Sánchez Román que iban a ocupar Tepic.

1858.
29 de octubre.—El temible coronel liberal don Antonio Rojas, de las fuerzas de Degollado, hace fusilar en Guadalajara al general Blancarte, uno de los iniciadores del Plan del Hospicio.

1858.
23 de diciembre.—En Ayotla, Estado de México, se pronuncia el general José María Echegaray con el llamado Plan de Navidad, por el cual se desconoce como presidente de la República al general Félix Zuloaga y se proclama al general Miguel Miramón.

1859.
10 de enero.—En Guadalajara, se produce un tremendo y peligroso accidente para las tropas conservadoras, al volar un depósito de pólvora. Increíblemente se salvaron los generales Miguel Miramón y Leonardo Márquez.

1859.
2 de febrero.—Recibe la presidencia de la República, por el bando conservador, el general Miguel Miramón.

1859.
18 de marzo.—En Veracruz, las tropas conservadoras de Miramón atacan a los liberales con el objeto de terminar con el gobierno de Juárez, que desde el 4 de mayo de 1858, bajo la protección del gobernador del Estado, don Manuel Gutiérrez Zamora, había establecido en el puerto los poderes federales.

1859.

30 de marzo.—Después de varios ataques infructuosos y por tener muchos enfermos en sus tropas debido al clima y a las enfermedades de la costa, el general Miramón se retira de Veracruz a la ciudad México.

1859.

11 de abril.—En Tacubaya es derrotado el general don Santos Degollado, lugar donde permanecía estacionado por creer que la población de México iba a levantarse en armas por la causa constitucional. Fue sorprendido por las tropas del general Leonardo Márquez; lo derrotó y mandó fusilar inmediatamente a cincuenta y tres jefes y oficiales prisioneros, así como a los médicos y practicantes de medicina que se ocupaban de atender a los heridos. Desde entonces a Márquez se le conoció con el nombre de **Tigre de Tacubaya.**

1859.

12 de julio.—En Veracruz el gobierno liberal dicta la Ley de Nacionalización de los bienes eclesiásticos.

1859.

23 de julio.—El gobierno liberal dicta, respectivamente, la Ley del Contrato Civil del Matrimonio, de Secularización de Cementerios, de Supresión de Comunidades Religiosas y de Tolerancia de Cultos. Estas leyes fueron las que se llamaron de Reforma.

1859.

27 de septiembre.—En París firman el Tratado Mon-Almonte el representante de España, don Alejandro Mon y el representante mexicano conservador, general don Juan N. Almonte, por el cual el gobierno reaccionario sería reconocido como legal a cambio de pagarle a España las deudas e indemnizaciones que reclamaba y estaban pendientes.

1859.
29 de octubre.—La Casa Jecker, establecida en México, le presta al gobierno de Miramón seiscientos dieciocho mil pesos en efectivo y trescientos sesenta y ocho mil pesos en vestuario y equipo, a condición de que el gobierno reembolsase quince millones de pesos (veinte por ciento de interés). Este negocio usurero fue una de las reclamaciones que iba a presentar Francia para fundar la intervención en México.

1859.
13 de noviembre.—En la Estancia de las Vacas, Qro., Miramón derrota al general Degollado. Hace muchos prisioneros, le quita artillería, parque y equipo.

1859.
23 de noviembre.—En Guadalajara, el general Leonardo Márquez es relevado del mando del Primer Cuerpo de Tropas acusado de haberse apoderado de una conducta, a su cuidado, de seiscientos mil pesos. Para ser procesado, Márquez es enviado preso a México.

1859.
14 de diciembre.—A efecto de contar con el reconocimiento oficial de los Estados Unidos, el ministro liberal don Melchor Ocampo firma los Tratados de Tránsito y de Comercio entre los Estados Unidos y México. Por los Estados Unidos firmó el representante por Maryland, señor Mc Lane.

1859.
30 de diciembre.—El general Tomás Marín sale de Yucatán a comprar en Cuba dos barcos para atacar a Juárez en Veracruz.

1860.
6 de febrero.—Los barcos **Marqués de la Habana** y **Miramón,** comprados en Cuba por el gobierno conservador para atacar Veracruz, los cuales estaban al mando de don Tomás Marín, fueron declarados piratas y apresados en Antón Lizardo, Veracruz, por la flota norteamericana del almirante Jarvis.

1860.
20 de febrero.—Después de atacar y bombardear infructuosamente al puerto de Veracruz por no tener fuerzas marítimas, se retira a México el general Miramón.

1860.
24 de mayo.—El general López Uraga es derrotado por la guarnición conservadora en Guadalajara.

1860.
15 de junio.—En Peñuelas, el general don Jesús González Ortega derrota al general conservador Silverio Ramírez. Aguascalientes queda en poder de los liberales.

1860.
4 de agosto.—El general Porfirio Díaz ataca, derrota a los conservadores y toma la ciudad de Oaxaca.

1860.
10 de agosto.—Las tropas liberales derrotan a Mi-

ramón en Silao, Gto. Los liberales estaban a las órdenes de los generales Jesús González Ortega e Ignacio Zaragoza.

1860.
14 de agosto.—En la ciudad de México se instala una Junta de Notables, presidida por don José Ignacio Pavón, para ratificarle su nombramiento de presidente de la República al general Miguel Miramón, evitando, así, que el general Félix Zuloaga, quien venía casi en calidad de prisionero de Miramón, pero que había logrado escaparse en León, nombrara un sustituto o intentase ser designado él mismo.

1860.
18 de septiembre.—En Laguna Seca, el general Santos Degollado se apodera de una conducta, propiedad de comerciantes ingleses que la iban a embarcar en Tampico, para cubrir necesidades apremiantes de sus tropas. El monto ascendió a seiscientos ochenta mil pesos.

1860.
14 de octubre.—El general Santos Degollado hace suyo el llamado Plan de Pacificación que, en verdad, fue formulado por el ministro inglés Mathiew con el fin de entrar a negociar con los conservadores para desconocer a Juárez como presidente. Los oficiales del ejército rechazaron el plan. Degollado fue relevado del mando; se lo entregó a González Ortega y fue sujeto a proceso.

1860.
1 de noviembre.—El general Leonardo Márquez, ya repuesto en el mando, marchó en auxilio de Guada-

lajara, pero fue rechazado y completamente derrotado en Zapotlanejo por González Ortega.

1860.
16 de noviembre.—Por instrucciones del general Miramón, el jefe de la policía, señor Lagarde, viola el domicilio del cónsul inglés, señor Barton y sustrae seiscientos treinta mil pesos para levantar tropas y que Miramón pudiera enfrentarse a los liberales triunfantes.

1860.
8 de diciembre.—Miramón, con las pocas tropas que ha logrado organizar en pocos días, sorprende y derrota en Toluca al general Felipe Berriozábal. Entre los prisioneros estaba el general Santos Degollado.

1860.
22 de diciembre.—En la batalla de Calpulalpan –librada entre las fuerzas conservadoras, al mando del general Miguel Miramón y las fuerzas liberales, al mando del general Jesús González Ortega–, es completamente derrotado el caudillo conservador, después de dos horas de reñida lucha. Miramón escapa a México con una reducida escolta.

1860.
24 de diciembre.—Dejando que el ayuntamiento se hiciera cargo de la situación, el general Miramón sale en dirección a Veracruz para embarcarse al extranjero.

1861.
1 de enero.—El general Jesús González Ortega, al frente del ejército liberal, entra triunfante a la ciudad de México.

1861.
11 de enero.—Juárez entra en la capital y restablece los Supremos Poderes Federales. Termina así la Guerra de Reforma.

1861.
12 de enero.—El gobierno constitucional expulsa del país al embajador Pacheco, de España, a los ministros del Ecuador, de Guatemala y al delegado apostólico de la Santa Sede, por inmiscuirse en asuntos de la política mexicana y por ayudar al Partido Conservador.

1861.
2 de febrero.—Se expide la Ley de Imprenta y la secularización de Hospitales y Establecimientos de Beneficencia.

1861.
15 de marzo.—El gobierno adopta para México el Sistema Métrico Decimal.

1861.
21 de marzo.—Muere en Veracruz don Manuel Gutiérrez Zamora, protector del gobierno constitucional en ese puerto.

1861.
22 de marzo.—Fallece don Miguel Lerdo de Tejada, distinguido abogado liberal y coautor de las Leyes de Reforma.

1861.
23 de mayo.—El general Félix Zuloaga, andando de un lugar a otro, en ausencia del general Miguel Miramón se declara presidente de la República.

1861.
3 de junio.—Lindoro Cajiga, guerrillero español conservador, aprehende a don Melchor Ocampo en su hacienda de Pomoca, donde estaba retirado a la vida civil; lo traslada a Tepeji del Río y lo hace fusilar. (Se ignora si fue por orden de Márquez o de Zuloaga.) Colgado de un árbol, el cadáver fue abandonado.

1861.
4 de junio.—El gobierno, presidido por Benito Juárez, declara fuera de la ley a los jefes conservadores Félix Zuloaga, Tomás Mejía y Leonardo Márquez.

1861.
16 de junio.—El general Santos Degollado pide autorización para salir en persecución de los asesinos de Ocampo. Es sorprendido, derrotado y hecho prisionero por la guerrilla de un jefe apellidado Huitrón, quien ordenó fusilarlo en el viejo camino a Toluca.

1861.
23 de junio.—Para reparar el fracaso y la muerte de Degollado, sale otra columna constitucionalista al mando del general don Leandro Valle. Es derrotada el día 23 de junio en el Monte de las Cruces y el general Valle fusilado inmediatamente por el general Leonardo Márquez.

1861.
25 de junio.—El Congreso ofrece diez mil pesos de premio por la cabeza, respectivamente, de Zuloaga, de Márquez, de Mejía, de Cobos, de Vicario y de Cajiga.

1861.
2 de julio.—Con tropas de la brigada de Oaxaca, el

23 de julio de 1859: El gobierno liberal, presidido por don Benito Juárez, dicta las leyes que se llamaron de Reforma.

general Porfirio Díaz detiene a los conservadores de Leonardo Márquez, quien ha tenido la osadía de llegar hasta la Garita de San Cosme.

1861.
17 de julio.—Dado el estado de pobreza en que estaba el país y la Hacienda Pública a causa de la guerra, el Congreso expidió un decreto suspendiendo por dos años el pago de la deuda pública y las asignaciones extranjeras.

1861.
31 de octubre.—Los representantes de Inglaterra, Francia y España firman la Convención de Londres, para hacer reclamaciones con fuerza armada en México.

1861.
28 de noviembre.—Para evitar pretextos, el gobierno mexicano, presidido por el licenciado don Benito Juárez, ordena la reanudación del pago de la deuda exterior.

1861.
17 de diciembre.—Desembarcan en Veracruz los soldados y marinos españoles al mando del general don Juan Prim, conde de Reus y marqués de los Castillejos, para hacerle reclamaciones a México.

1861.
25 de diciembre.—En Acambay, Estado de México, es derrotado, hecho prisionero y fusilado el asesino de Melchor Ocampo, el guerrillero Lindoro Cajiga.

1862.
7 de enero.—En Veracruz desembarcan las prime-

ras tropas francesas al mando del almirante Jurien de la Graviere, así como un destacamento de marinos ingleses a las órdenes del comodoro Dunlop.

1862.

14 de enero.—Ultimátum del conde de Reus al gobierno mexicano, reclamando la satisfacción de los agravios que se habían inferido.

1862.

23 de enero.—El gobierno mexicano contesta al ultimátum del general Prim y declara estar dispuesto a admitir las reclamaciones que fueran justas. Invita, al efecto, a los comisarios aliados para conferenciar con el ministro de Relaciones, general Manuel Doblado, en Orizaba.

1862.

25 de enero.—El Gobierno mexicano promulga un decreto estipulando que incurrían en pena de muerte quienes secundaran o favoreciesen la intervención, por tratarse de un delito contra la independencia nacional.

1862.

19 de febrero.—Se celebra la Convención de la Soledad entre el Ministro de Relaciones Manuel Doblado y los representantes de España, Inglaterra y Francia. Los intervencionistas reconocen al gobierno de Juárez como legítimo y que no se atentaría contra la integridad y la independencia de México. Se convino en abrir las negociaciones en Orizaba y durante ellas las tropas intervencionistas ocuparían las plazas de Orizaba, Tehuacán y Córdoba, para preservarlas de las enfermedades de la costa; pero, en caso de que se rompiesen las negociaciones, los aliados regresarían a Veracruz para de allí iniciar las operaciones.

1862.
7 de mayo.—Llega a Veracruz una brigada completa de tropas francesas al mando del general Carlos Letrille, conde de Lorencez, quien a partir de ese día recibe el mando.

1862.
9 de abril.—Se declara rota la Triple Alianza, pues los representantes de Inglaterra y España se percatan de que Napoleón III tenía miras muy distintas a las estipuladas en el Tratado de Londres y de que Saligny protegía a los conservadores.

1862.
19 de abril.—Se produce el primer hecho de armas entre tropas francesas y mexicanas. Un destacamento de caballería mexicana, al mando del coronel Félix Díaz, combatió a una vanguardia francesa en Fortín, Ver. El coronel Díaz fue herido por los zuavos y cayó prisionero, aunque logró escapar.

1862.
19 de abril.—El jefe conservador, general Antonio Taboada, levanta un acta en Córdoba, Ver., proclamando como jefe supremo de la nación al general Juan N. Almonte, quien llegó a México bajo la protección de los franceses.

1862.
24 de abril.—En Veracruz se embarca el Cuerpo Expedicionario Español con rumbo a La Habana.

1862.
28 de abril.—Combate en Cumbres de Acultzingo

entre las tropas del Ejército de Oriente, a las órdenes del general Ignacio Zaragoza, y las tropas francesas del conde de Lorencez.

1862.

5 de mayo.—En la batalla de Puebla el ejército expedicionario francés, a las órdenes del conde de Lorencez, es derrotado por las tropas del Cuerpo de Ejército de Oriente, mandado por el general Ignacio Zaragoza. Los franceses se retiraron a Orizaba.

1862.

18 de mayo.—Las tropas del general Santiago Tapia derrotan a las fuerzas reaccionarias de Leonardo Márquez, las cuales trataban de unirse a los franceses en Orizaba. Una compañía de zuavos auxilió oportunamente a los traidores, que por fin se incorporan al enemigo.

1862.

21 de mayo.—El gobierno interino, ejercido por el general Juan N. Almonte, impone quinientos mil pesos en billetes de circulación forzosa.

1862.

13 de junio.—En el combate del Cerro del Borrego, cercano a Orizaba, el general González Ortega es rechazado por un batallón del 99 de línea.

1862.

8 de septiembre.—Muere en Puebla el señor general don Ignacio Zaragoza, debido a una infección de fiebre tifoidea.

1862.

22 de septiembre.—En Veracruz desembarca el general Elías Forey con el Cuerpo Expedicionario (unos veintiocho mil soldados).

1862.
26 de septiembre.—El general Forey publica un bando desconociendo al gobierno interino de Almonte.

1863.
2 de febrero.—Llega a Veracruz un batallón de cuatrocientos egipcios, solicitados por Napoleón III al sultán para el servicio en las costas por estar habituados al clima caliente.

1863.
16 de marzo.—Los franceses, al mando del general Elías Forey, inician el sitio de Puebla. La plaza estaba defendida por veinte mil mexicanos a las órdenes del general Jesús González Ortega.

1863.
13 de abril.—Con la caballería mexicana el general Tomás O'Horán logra romper el sitio de Puebla.

1863.
25 de abril.—Fracasa completamente un ataque general lanzado por los franceses contra la plaza atrincherada de Puebla. El enemigo francés es rechazado por las tropas de Oaxaca, al mando de Porfirio Díaz, principalmente.

1863.
30 de abril.—En el poblado de Camarón, Ver., se entabla combate entre una compañía de la Legión Extranjera Francesa y fuerzas de la milicia de Chiquihuite, a las órdenes del general don Francisco de Paula Milán. Los legionarios no se rindieron

sino que resistieron heroicamente. De esto surgió la leyenda de la Legión.

1863.
7 de mayo.—El general Ignacio Comonfort, quien se presentó al gobierno desde principios de enero, recibió el mando del llamado Cuerpo de Ejército del Centro y se le ordenó introducir víveres y municiones a Puebla, pero fue completamente derrotado al darle alcance en la hacienda de San Lorenzo los franceses y algunos escuadrones de los traidores de Leonardo Márquez.

1863.
17 de mayo.—El general González Ortega, perdida toda esperanza o posibilidad de recibir auxilio del exterior, resuelve en una junta de guerra rendir la plaza sin condiciones, disolviendo antes las tropas, clavando los cañones y mojando la poca pólvora que le quedaba.

1863.
31 de mayo.—El gobierno nacional, sin recursos para defender la capital mexicana, se traslada a San Luis Potosí.

1863.
1 de junio.—Tan pronto como el gobierno nacional sale de la ciudad de México, el general Bruno Martínez, comandante de la guarnición de la plaza, lanza un manifiesto en favor de la intervención y reconociendo al general Forey como autoridad máxima en México.

1863.
10 de junio.—El grueso del ejército francés entra a la ciudad de México, a las órdenes directas del

general Elías Forey. Con él venían los generales Aquiles Bazaine, Juan N. Almonte y Leonardo Márquez.

1863.
15 de junio.—Se estima la población del país en ocho millones cuatrocientos mil habitantes.

1863.
16 de junio.—Es ascendido a mariscal de Francia el general Forey, en premio a la captura de Puebla. Expide un decreto ordenando se reúna una Junta Superior de Gobierno, compuesta por treinta y cinco miembros, nombrados por el ministro de Francia Dubois de Saligny.

1863.
18 de septiembre.—Monseñor Labastida toma posesión como regente del Imperio.

1863.
1 de octubre.—El mariscal Forey entrega el mando supremo al general Francisco Aquiles Bazaine.

1863.
9 de noviembre.—Los miembros de la Regencia, contrariando la opinión del obispo Labastida, por conducto del **Diario Oficial** hacen saber que deben respetarse las Leyes de Reforma.

1863.
13 de noviembre.—Al mando de un bandido llamado Sebastián Aguirre, una guerrilla que dice ser imperialista asalta en Chamácuaro al general Ignacio Comonfort y a su escolta. El general queda tan gravemente herido que al día siguiente muere en Celaya.

1863.
30 de noviembre.—Los generales Berthier y Már-

quez derrotan a los republicanos de López Uraga y ocupan Morelia.

1863.
8 de diciembre.—La división del general Douay ocupa Guanajuato.

1863.
27 de diciembre.—San Luis Potosí queda en poder de los imperialistas al mando del general Tomás Mejía.

1864.
5 de enero.—La ciudad de Guadalajara es tomada por las tropas francesas de la división de Castagny.

1864.
22 de enero.—La fragata francesa **L'Eclair** bombardea Campeche. Debido a que los liberales de Yucatán, poco numerosos, ya habían sido derrotados, el gobernador Pablo García tuvo que capitular; lo mismo hizo el gobernador de Yucatán Felipe Navarrete, simpatizador del Imperio.

1864.
15 de febrero.—En Aguascalientes los franceses fusilan al general Luis Ghilardi, italiano garibaldino, con muchos años de servir en el ejército republicano. Lo fusiló un batallón de zuavos mandado por el comandante Lapage.

1864.
31 de marzo.—**La Cordelliere,** fragata de guerra francesa, bombardea Mazatlán e intenta desembarcar tropas que rechaza la guarnición mexicana a las órdenes del general Antonio Rosales.

1864.

10 de abril.—Se presentan en el Castillo de Miramar, cerca de Trieste, los comisionados José María Gutiérrez de Estrada, Joaquín Velázquez de León, Ignacio Aguilar, Adrián Woll, José Hidalgo, Antonio Escandón, José M. de Landa y Angel Iglesias, llevándole al archiduque Maximiliano los votos de las juntas de notables y las actas de adhesión. Aceptó y desde ese momento fungió como emperador de México.

1864.

10 de abril.—Maximiliano firma con Napoleón III los Tratados de Miramar; en ellos el gobierno francés se obliga a mantener en México un ejército de ocupación durante seis años. México pagaría a Francia doscientos setenta millones de francos, más setenta y seis millones de un empréstito, con el interés anual del tres por ciento. El archiduque se comprometió a seguir una política liberal, contrariando las ideas de los conservadores.

1864.

28 de mayo.—En la fragata austriaca **Novara** llegan a Veracruz el emperador Maximiliano y su esposa Carlota. Desembarcan al día siguiente y el pueblo les da un frío recibimiento.

1864.

29 de mayo.—Manifiesto de Maximiliano en Veracruz, de saludos e intenciones.

1864.

3 de junio.—Un regimiento de tiradores argelinos del ejército francés, se apodera del puerto de Acapulco.

1864.

12 de junio.—Maximiliano y Carlota llegan a la ciudad de México y son espléndidamente recibidos.

1864.

4 de julio.—Una división del ejército francés se apodera de la ciudad de Durango.

1864.

1 de agosto.—Los señores Newbold, Geddes, Sewell y Mello fundan el Banco de Londres y México.

1864.

20 de agosto.—En la hacienda de Majoma el coronel Martín derrota al general Jesús González Ortega y avanza a Saltillo, por lo que el gobierno republicano se traslada a Chihuahua.

1864.

26 de agosto.—El gobierno republicano, presidido por el licenciado Juárez, se establece en la ciudad de Chihuahua.

1864.

28 de agosto.—El presidente Juárez establece el gobierno republicano en Paso del Norte (hoy Ciudad Juárez, Chihuahua).

1864.

29 de agosto.—Los franceses se apoderan de la plaza de Monterrey.

1864.

21 de septiembre.—El general Tomás Mejía y un regimiento francés, a las órdenes del coronel Aymard, derrotan a los republicanos y ocupan Matamoros, Tamps.

1864.
5 de noviembre.—La división Douay se apodera de Colima.

1864.
29 de diciembre.—El general Antonio Rosales impide el desembarco de marinos franceses en San Pedro, Sin., tripulantes de la fragata **Lucifer** al mando del comandante Garielle.

1865.
28 de enero.—En un combate en el rancho de Potrerillos, en Mascota, Jal., muere el famoso coronel liberal y republicano don Antonio Rojas, especie de héroe-bandido, indisciplinado, pero muy hábil y valiente jefe de guerrilla en el estado de Jalisco.

1865.
9 de febrero.—Las tropas francesas, a las órdenes de Bazaine, se apoderan de la ciudad de Oaxaca y hacen prisionero al general Porfirio Díaz. Después de algún tiempo de estar detenido, Díaz logra escapar.

1865.
3 de marzo.—Mediante un decreto, Maximiliano divide al territorio nacional en cincuenta departamentos.

1865.
11 de marzo.—En la plazuela de Mixcalco, los franceses fusilan al famoso y valiente guerrillero republicano don Nicolás Romero. Lo hicieron prisionero en la cañada de Papazindán, Mich.

5 de mayo de 1862: En la batalla de Puebla, el ejército expedicionario francés es derrotado por las tropas mexicanas.

1865.

12 de marzo.—Circular de Maximiliano ordenando que los cementerios queden bajo la jurisdicción de la autoridad civil.

1865.

21 de marzo.—Batalla en El Rosario, Sin., entre las fuerzas republicanas y los imperialistas del cacique de Tepic, Manuel Lozada, quien iba a unirse con los franceses. No logró impedirlo el comandante republicano don Ramón Corona.

1865.

29 de marzo.—Las tropas francesas del general de Castagny se apoderan del puerto de Guaymas y obligan a retirarse a los republicanos del general José María Patoni.

1865.

11 de abril.—En Tacámbaro, el general republicano don Nicolás de Régules ataca a los belgas del mayor Tydgat. Los belgas, que se habían apoderado de la familia de de Régules, colocaron a la esposa e hijos de éste sobre los atrincheramientos de la plaza. De Régules atacó, derrotó e hizo prisioneros a los belgas sin vengarse de la villanía que cometieron.

1865.

12 de abril.—Los generales Santiago Vidaurri, Tomás O'Horán y otros jefes, entre ellos el coronel Florencio Villarreal –quien proclamó el Plan de Ayutla–, reconocieron al Imperio y le ofrecieron sus servicios.

1865.

1 de mayo.—En Alamos, Son., José Tranquilino Almada se levanta en armas con yaquis, pimas y mayos y proclama su adhesión al Imperio.

1865.
7 de junio.—La emperatriz Carlota firma un acuerdo para que en una casa contigua al Hospicio de Pobres, en la primera calle de Revillagigedo, se funde una casa de maternidad.

1865.
19 de junio.—En los Estados Unidos muere don Manuel Doblado.

1865.
23 de junio.—En Uruapan, Mich., muere tiroteado por los zuavos el general don Manuel García Pueblita.

1865.
4 de agosto.—El gobierno de los Estados Unidos le reclama a Francia por haberle dado la concesión de terrenos para colonizarlos, en la orilla del río Grande, al doctor Gwin, ciudadano norteamericano confederado muy activo, de quien se temía reorganizara allí al partido vencido.

1865.
15 de agosto.—El general Brincourt, con las tropas a su mando, se apodera de Chihuahua.

1865.
24 de septiembre.—El general don Antonio Rosales, muere defendiendo la población de Alamos, Son., atacada por los milicianos yaquis, mayos y coras.

1865.
3 de octubre.—A propuesta del mariscal Bazaine, el

emperador Maximiliano firma una ley que establece la pena de muerte a todo aquel individuo que fuera sorprendido haciendo armas contra el Imperio.

1865.
21 de octubre.—El coronel imperialista Ramón Méndez ordena fusilar a los generales republicanos José María Arteaga y Carlos Salazar, hechos prisioneros en Santa Ana Acatlán el día 13. Conducidos a Uruapán, por ministerio de la ley del 3 de octubre, son pasados por las armas.

1865.
8 de noviembre.—El presidente Juárez, argumentando que el país estaba ocupado por el enemigo extranjero, firma un decreto para prorrogar su periodo de gobierno por tiempo indefinido, dando, así, el llamado Golpe de Estado de Paso del Norte, lo que provocó serios disgustos entre un nutrido grupo de liberales republicanos.

1865.
6 de diciembre.—El ministro de Relaciones de los Estados Unidos, señor Seward, le dirige al gobierno francés una nota manifestándole el descontento de su gobierno por la intervención en México, pues se atacaba a un gobierno republicano elegido por la nación, para reemplazarlo con una monarquía impopular.

1866.
16 de enero.—Llega a México el barón Saillard, a efecto de comunicarle a Maximiliano el retiro de las tropas francesas de México.

1866.
1 de marzo.—En la batalla de Santa Isabel, Coah.,

ganada por los republicanos a las órdenes del general Andrés Viesca, muere el comandante francés De Brian.

1866.
15 de junio.—El mariscal Bazaine gira las primeras órdenes para concentrar sus tropas y embarcarlas en Veracruz.

1866.
23 de junio.—El general Tomás Mejía capitula en Matamoros y la ciudad es ocupada por los republicanos. Con trescientos soldados el general Mejía se embarca para Veracruz.

1866.
1 de julio.—El emperador Maximiliano inaugura el Conservatorio Nacional de Música.

1866.
8 de julio.—La emperatriz Carlota sale del país para exigirle a Napoleón III el cumplimiento del Tratado de Miramar.

1866.
26 de julio.—Las tropas republicanas de los generales Mariano Escobedo, Francisco Naranjo y Gerónimo Treviño, ocupan Monterrey, evacuada por los franceses e imperialistas.

1866.
11 de agosto.—La emperatriz Carlota se entrevista con Napoleón III para pedirle que no retire sus tropas de México y cumpla con el Tratado de Miramar. Napoleón no accede a la petición.

1866.

25 de septiembre.—En Guaymas, Son., es fusilado el cacique opata imperialista Refugio Tanori, persona muy leal y valiente. Lo apresó el general Angel Martínez en el poblado de Guadalupe el día 18. Murió con extraordinario valor lanzando vivas a México y al emperador.

1866.

27 de septiembre.—La emperatriz Carlota se entrevista con Pío IX en el Vaticano y, allí mismo, sufre el ataque de locura del que nunca se repuso.

1866.

3 de octubre.—El general Porfirio Díaz derrota al coronel Testard en la acción de Niahuatlán.

1866.

11 de octubre.—Maximiliano sale de México con rumbo a Veracruz, resuelto a abdicar e irse con las tropas francesas.

1866.

18 de octubre.—Batalla en La Carbonera, Oax., donde las tropas republicanas del general Porfirio Díaz derrotan a los imperialistas. Quedan en su poder mucho armamento, municiones y equipo.

1866.

21 de octubre.—Al llegar a Orizaba, Maximiliano resuelve abdicar por la enfermedad de la emperatriz, por la retirada de las tropas francesas y por las condiciones económicas del país. Los conservadores lo convencen de lo contrario y le ofrecen ayuda en todos sentidos para que se quede en México; además, recibe una carta de su madre, la emperatriz

Sofía, comunicándole que no sería bien recibido en la Corte de Viena y debía quedarse en México para defender el trono.

1866.
18 de diciembre.—Las tropas francesas empiezan a embarcarse en Veracruz con destino a los puertos del norte de Africa o Marsella.

1867.
17 de enero.—Nuevamente Maximiliano intenta abdicar a la corona imperial de México, pero los prominentes imperialistas lo convencen de que sería fácil derrotar a los republicanos si permite la ayuda de los conservadores.

1867.
22 de enero.—Habiendo establecido el presidente Juárez el gobierno republicano en Zacatecas, estuvo a punto de caer prisionero del general Miramón, pues sorpresivamente atacó la plaza. El gabinete republicano escapó a Jerez.

1867.
1 de febrero.—El general Mariano Escobedo triunfa en la batalla de San Joaquín, hace prisionero a don Joaquín Miramón, hermano del general Miguel Miramón, y a ciento noventa y seis soldados franceses que se habían quedado como mercenarios en el ejército imperialista. A todos los hace fusilar.

1867.
19 de febrero.—Al frente de las tropas imperialistas, el emperador Maximiliano y los generales Ramón Méndez, Tomás Mejía y Miguel Miramón entran a Querétaro con la decisión de resistir en esa plaza.

1867.
11 de marzo.—Salen del territorio mexicano las últimas tropas francesas.

1867.
14 de marzo.—Empieza el sitio de Querétaro, plaza defendida por Maximiliano, Miramón, Mejía y Méndez. Las tropas republicanas están a las órdenes de los generales Mariano Escobedo y Ramón Corona.

1867.
23 de marzo.—Comisionados por Maximiliano, los generales Santiago Vidaurri y Leonardo Márquez salen de Querétaro hacia la ciudad de México en busca de tropas y elementos de guerra para auxiliar al emperador.

1867.
2 de abril.—El general Porfirio Díaz captura la plaza de Puebla que tenía sitiada. Apresuró el asalto al saber que el general Márquez, con las tropas que había sacado de México para auxiliar a Querétaro, resolvió marchar sobre Puebla con el fin de derrotar a los republicanos.

1867.
4 de abril.—Leonardo Márquez, al enterarse de la captura de Puebla por los republicanos, contramarcha hacia la capital, pero el general Porfirio Díaz le da alcance entre San Lorenzo y Calpulalpan y lo derrota completamente, perdiendo así la posibilidad de auxiliar y llevar refuerzos a Querétaro. Márquez huye a la capital, se fortifica, levanta tropas por leva e impone exacciones con violencia y crueldad.

1867.
12 de abril.—Las tropas del general Porfirio Díaz

empiezan a poner sitio a la ciudad de México, defendida por Márquez.

1867.
15 de mayo.—El emperador Maximiliano y sus generales se entregan prisioneros al general Mariano Escobedo. Primero son llevados al convento de la Cruz y después al de las Capuchinas, ambos en Querétaro.

1867.
12 de junio.—Se establece el Consejo de Guerra de acuerdo con la ley del 25 de enero de 1862. Lo preside el teniente coronel Rafael Platón Sánchez para juzgar a Maximiliano y a sus generales. Los sentencia a muerte. El defensor de oficio fue el distinguido abogado don Rafael Martínez de la Torre.

1867.
18 de junio.—Es fusilado el general Ramón Méndez.

1867.
19 de junio.—En el Cerro de las Campanas, en Querétaro, son fusilados el emperador Maximiliano y los generales Miguel Miramón y Tomás Mejía.

1867.
21 de junio.—Al frente del Cuerpo de Ejército de Oriente el general Porfirio Díaz entra en la ciudad de México. El general Ramón Tavera le hace entrega de la plaza. Los soldados de Díaz no cometieron el menor atropello, ni aun con los imperialistas. Ese mismo día fueron aprehendidos y fusilados los generales Santiago Vidaurri y Tomás O'Horán.

1867.
15 de julio.—El presidente Juárez entra a la ciudad

de México y establece los Supremos Poderes de la Unión en la capital de la República.

1867.

21 de agosto.—En su hacienda de la Providencia, del estado de Guerrero, muere el general don Juan Alvarez, quien encabezara el Plan de Ayutla y antiguo insurgente de Morelos.

1867.

28 de noviembre.—Después de una serie de gestiones, el gobierno de la República, en nombre de la Humanidad, entrega el cadáver del príncipe Maximiliano al almirante Tegetthof. Fue trasladado a Austria en la fragata **Novara,** misma que lo trajo a México cuando aceptó la corona.

1867.

30 de noviembre.—En el rancho de Lobos, Nuevo León, es asesinado por sus propios soldados –rebelados contra el gobierno–, el coronel Rafael Platón Sánchez, quien fue el presidente del Consejo de Guerra que sentenció a muerte a Maximiliano y a los generales Miramón y Mejía.

1867.

2 de diciembre.—El presidente Benito Juárez decreta la Ley Orgánica de Instrucción Pública en el Distrito Federal.

1867.

2 de diciembre.—A instancia de don Blas Barcárcel, ministro de Fomento del gabinete del presidente Juárez, se crea la Escuela Especial de Ingenieros en el antiguo Palacio de Minería.

1868.
22 de enero.—En Yucatán se subleva contra el gobierno de Juárez don Marcelino Viliafaña y Felipe Mendoza lo hace en Perote. Este último fue derrotado y fusilado.

1868.
25 de enero.—En Santa Cruz de Galeana, Gto., nace el futuro gran músico mexicano Juventino Rosas, muerto en La Habana, Cuba, el 2 de noviembre de 1909.

1869.
16 de enero.—Decreto de la Federación creando el estado de Hidalgo.

1869.
20 de enero.—El gobierno de Juárez pone en vigor la Ley del Juicio de Amparo.

1869.
17 de abril.—Decreto de la Federación creando el Estado de Morelos.

1869.
16 de septiembre.—El presidente Juárez inaugura el ferrocarril a Veracruz en su tramo México-Puebla.

1870.
21 de febrero.—El general Sóstenes Rocha, comandante de las tropas del gobierno constitucional, derrota en "Lo de Ovejo", Zac., al general Trinidad García de la Cadena. Este se había levantado en armas contra las medidas dictadas por el Estado para acabar con el caciquismo y licenciar tropas.

1870.
20 de septiembre.—Se funda la Escuela Nacional de Ciegos.

1870.
13 de octubre.—El Congreso de la Unión decreta una Ley de Amnistía en favor de los imperialistas, excepción hecha del arzobispo Labastida, del general José López Uraga y de Leonardo Márquez.

1870.
1 de diciembre.—Después de convocar legalmente a elecciones y una vez realizadas éstas, el Congreso declara que el presidente electo para el periodo siguiente lo es el licenciado Benito Juárez, por reelección, y el licenciado Sebastián Lerdo de Tejada para presidente de la Suprema Corte de Justicia.

1871.
2 de mayo.—Los generales Callejo y Molina se sublevan contra la reelección de Juárez, levantando en armas a las tropas en Tampico. La rebelión fue sofocada por las tropas federales al mando del general Sóstenes Rocha.

1871.
1 de octubre.—El general Miguel Negrete se levanta en armas contra Juárez en la Ciudadela. Es derrotado por el general Sóstenes Rocha. Manda fusilar a todos los jefes y oficiales prisioneros. Negrete logró escapar.

1871.
8 de noviembre.—En su hacienda de La Noria, en Oaxaca, donde permanecía separado del servicio, el general Porfirio Díaz se subleva contra la reelección del licenciado Juárez.

15 de mayo de 1867: El emperador Maximiliano se entrega prisionero al general del Ejército Liberal Mariano Escobedo.

1871.
1 de diciembre.—El licenciado Benito Juárez inicia su nuevo periodo de gobierno.

1872.
2 de marzo.—En La Bufa, Zacatecas, el general Sóstenes Rocha derrota al general Gerónimo Treviño, levantado en armas en contra del gobierno de Juárez.

1872.
18 de julio.—Muere repentinamente, de angina de pecho, el señor presidente de la República don Benito Juárez García.

1872.
19 de julio.—Asume la presidencia de la República, por mandato de la ley, Sebastián Lerdo de Tejada, presidente de la Suprema Corte de Justicia de la Nación.

1872.
27 de julio.—El gobierno interino del presidente Sebastián Lerdo de Tejada publica una ley de amnistía para todos los individuos que se hubieran sublevado contra el gobierno constituido. A los partidarios del general Díaz los privaba de sus grados, sueldos y empleos. El propio Porfirio Díaz se acogió a la amnistía.

1872.
1 de diciembre.—La población del país se estima en nueve millones ciento cincuenta mil habitantes.

1873.
1 de enero.—Se inaugura el ferrocarril de México a Veracruz.

1873.
1 de enero.—Nace en Lagos de Moreno, Jal., el doctor Mariano Azuela, célebre escritor y autor de una de las mejores novelas de la Revolución mexicana: **Los de abajo.** En 1949 recibió el Premio Nacional de Literatura en reconocimiento a su fecunda labor. Murió el 1 de marzo de 1952 en la ciudad de México.

1873.
17 de enero.—El cacique nayarita Manuel Lozada se levanta en armas proclamando el Plan de Tepic, de pleno contenido agrario, contra el presidente Lerdo de Tejada.

1873.
4 de febrero.—Se efectúan elecciones para presidente de la Suprema Corte. Resulta electo el licenciado don José María Iglesias.

1873.
19 de julio.—En Tepic, Nayarit, fusilan al cacique Manuel Lozada las fuerzas del gobierno al mando del general Ramón Corona, quien lo derrotó e hizo prisionero en un lugar cercano a Guadalajara llamado La Mohonera. Lozada fue imperialista y colaboró con los franceses, por lo cual Napoleón III le otorgó la medalla de Caballero de la Legión de Honor.

1873.
25 de septiembre.—Se declaran constitucionales las Leyes de Reforma, dando lugar a motines y sublevaciones contra Lerdo de Tejada por las medidas rigurosas que tomó contra el clero.

1874.
1 de febrero.—En los Estados Unidos, México com-

pra cuatro pequeños barcos de guerra, a vapor, nombrados: **Independencia, Libertad, México** y **Demócrata.**

1874.
26 de octubre.—El Congreso de la Unión declara presidente constitucional al licenciado Sebastián Lerdo de Tejada, lo que causa enorme descontento en el país.

1875.
13 de abril.—Inicia sus actividades la Academia Mexicana Correspondiente de la Española.

1875.
3 de octubre.—En Guadalajara, Jal., nace Gerardo Murillo ("Dr. Atl"). Escritor y crítico de arte además de notable paisajista, el Doctor Atl está considerado entre los principales precursores de la pintura mexicana. Murió el 15 de agosto de 1964 en la ciudad de México.

1875.
30 de noviembre.—Los rebeldes **cristeros** de Michoacán, en armas contra el gobierno de Lerdo, expiden un plan político en Urecheo, proponiendo que en la Constitución se establezca como única la religión católica.

1876.
1 de enero.—El general Fidencio Hernández proclama el Plan de Tuxtepec, conteniendo los siguientes puntos: admitir como leyes supremas la Constitución del 57 y las Leyes de Reforma; suprimir el Senado establecido por Lerdo; establecer el principio de la No Reelección y desconocer como presidente de la República a don Sebastián Lerdo de Tejada.

1876.
21 de marzo.—En el poblado de Palo Blanco, Tamaulipas, el general Díaz, jefe de la rebelión de Tuxtepec, reforma el Plan Político, agregándole la No Reelección.

1876.
20 de junio.—Muere en México, pobre y abandonado, el general Antonio López de Santa Anna.

1876.
19 de septiembre.—El general Machorro fusila al general Donato Guerra, héroe de las guerras de Reforma, de Intervención y del Imperio. Se adhirió al Plan de Tuxtepec, fue hecho prisionero en Avalos, Chihuahua, y allí mismo fue fusilado.

1876.
26 de octubre.—El licenciado José María Iglesias, presidente de la Suprema Corte, declara inconstitucional la reelección de Lerdo. Iglesias es reconocido como presidente interino de la República en Salamanca, Gto., por el general Florencio Antillón, gobernador del estado.

1876.
20 de noviembre.—Fallece en México el licenciado Rafael Martínez de la Torre, brillante abogado defensor de Maximiliano.

1876.
20 de noviembre.—Al triunfo de la rebelión de Tuxtepec, el presidente de la República Sebastián Lerdo de Tejada sale de la capital con rumbo a la costa del Pacífico, para embarcarse a los Estados Unidos, sin entregarle el poder a nadie.

1876.
26 de noviembre.—El general Porfirio Díaz toma posesión del gobierno como resultado del triunfo de la rebelión de Tuxtepec.

1877.
2 de enero.—El general Porfirio Díaz, que dejó encargada la presidencia al general Juan N. Méndez, derrota a los simpatizantes de Iglesias en un lugar llamado Unión de los Adobes. El licenciado Iglesias marcha a Manzanillo y se embarca para los Estados Unidos.

1877.
7 de enero.—El general Porfirio Díaz ocupa Guadalajara. Se le unen los iglesistas y regresa a la ciudad de México, donde expide una Convocatoria para celebrar elecciones.

1877.
6 de marzo.—Se inaugura el Observatorio Nacional de Tacubaya.

1878.
5 de abril.—Se reforma la Constitución, prohibiendo la reelección.

1878.
9 de abril.—El gobierno de los Estados Unidos reconoce al gobierno del general Porfirio Díaz.

1878.
24 de junio.—Fusilan al doctor Albert y a otras ocho personas, comprometidas en la sublevación del barco de guerra **Libertad** para reinstalar en el Poder Ejecutivo al licenciado Sebastián Lerdo de Tejada.

El gobernador de Veracruz, general Luis Mier y Terán, los mandó fusilar en el patio del cuartel. La sublevación tuvo lugar en el puerto de Alvarado. Se asegura que el presidente Díaz le dio telegráficamente la orden al general Mier y Terán de «Mátalos en caliente.» El general Mier y Terán no estaba bien de sus facultades mentales y murió en un manicomio.

1878.

14 de octubre.—Se funda la Comisión Geográfica Exploradora, dependiente del Observatorio de Tacubaya.

1879.

15 de junio.—En la ciudad de México fallece el insigne pensador liberal don Ignacio Ramírez, **El Nigromante.**

1879.

23 de junio.—Nace en Anenecuilco, Morelos, el futuro gran líder agrario don Emiliano Zapata.

1879.

1 de diciembre.—Se reúne el Primer Congreso Nacional de Instrucción Pública, por iniciativa de don Joaquín Baranda y bajo la presidencia de don Justo Sierra.

1880.

19 de febrero.—Nace en la hacienda de Siquisiva, Sonora, el general Alvaro Obregón.

1880.

5 de mayo.—Se inicia la construcción de la estación de Buenavista.

1880.
5 de mayo.—Principian los trabajos de construcción del ferrocarril Guaymas, Nogales y Guadalajara.

1880.
1 de septiembre.—Se otorgan concesiones a las compañías del Ferrocarril Central Mexicano para construir el Ferrocarril Central Mexicano y el Nacional Mexicano, los cuales irían de México a la frontera norteamericana.

1880.
29 de noviembre.—Se reanudan las relaciones con Francia. Este país no haría ninguna reclamación. Llega como embajador el señor Boissi d'Anglas.

1880.
1 de diciembre.—Empieza a generalizarse el uso del alumbrado eléctrico.

1881.
28 de febrero.—Muere en Saltillo, Coah., el general Jesús González Ortega.

1881.
1 de diciembre.—Recibe la presidencia de la República el general Manuel González.

1882.
17 de enero.—El gobierno mexicano otorga contrato a la Compañía Mexicana Colonizadora para el deslinde de las islas Angel de la Guardia y Tiburón.

1882.
24 de enero.—A Guillermo Andrade se le otorga autorización para que construya una vía de ferrocarril

de Santa Isabel, Baja California, para que entronque con el ferrocarril norteamericano de San Francisco.

1882.
23 de febrero.—El Banco Nacional de México inicia sus operaciones con capital mexicano y español.

1882.
27 de febrero.—Nace en la ciudad de Oaxaca, Oax., el filósofo, sociólogo, ensayista, historiador, político, cuentista y escritor José Vasconcelos, considerado una de las inteligencias más sobresalientes del país. Abogado de profesión, ocupó importantes cargos: rector de la Universidad, secretario de Educación Pública –puesto que desempeñó con incomparable eficacia–, miembro del Colegio Nacional, académico de la Lengua y director de la Biblioteca México. En 1929 es electo candidato a la presidencia de la República. Sus Memorias –**Ulises criollo, La tormenta, El desastre** y **El preconsulado**– resultan documento extraordinario para las letras nacionales. Murió en el Distrito Federal el 30 de junio de 1959.

1882.
24 de junio.—Se forma la Comisión de Límites con los Estados Unidos debido al cambio de cauce del río Bravo. El gobierno mexicano, presidido por Porfirio Díaz, inicia los alegatos sobre el Chamizal.

1882.
15 de septiembre.—El licenciado Joaquín Baranda, Ministro de Justicia e Instrucción Pública, da a conocer la Ley de Instrucción Pública, gratuita y obligatoria en la enseñanza primaria.

1883.
5 de enero.—Muere en la ciudad de México don

Ezequiel Montes, gran orador parlamentario y diplomático liberal.

1883.

20 de abril—Nace en Zapotlán el Grande (hoy Ciudad Guzmán, Jal.), el famoso pintor mexicano José Clemente Orozco.

1883.

15 de diciembre.—Se vota la Ley de Deslinde de terrenos Baldíos y de Colonización.

1883.

19 de diciembre.—En la capital de la República nace don Antonio Caso, gran polemista, brillante expositor en la cátedra y filósofo. Ocupó honrosos cargos: director de la Escuela de Altos Estudios, director de la Escuela Nacional Preparatoria y Rector de la Universidad Nacional; figuró, asimismo, como socio de las más altas corporaciones intelectuales del país y del extranjero. Falleció el 6 de marzo de 1946 en la ciudad de México.

1883.

21 de diciembre.—Motín contra el gobierno de Manuel González por la imposición de la moneda de níquel. El presidente González dialogó en la vía pública con el pueblo, que estaba furioso. El desplante le valió que hasta lo aplaudieran.

1884.

2 de abril.—Se inaugura la Biblioteca Nacional, acondicionada en la iglesia de San Agustín por el arquitecto Vicente Heredia.

1884.
5 de julio.—Se reanudan las relaciones con la Gran Bretaña.

1884.
1 de diciembre.—Toma posesión de la presidencia, en un segundo periodo, el general Porfirio Díaz. Su gestión terminaría hasta el 30 de noviembre de 1888.

1885.
2 de junio.—Se expide la ley para la conversión de la deuda inglesa.

1886.
10 de junio.—Se reanudan las obras del desagüe del valle de México, bajo la dirección del ingeniero Luis Espinosa, que abarcaría canal de cuarenta y siete y medio kilómetros, un túnel de diez kilómetros y un tajo o desemboque de dos y medio kilómetros.

1886.
15 de julio.—El pedagogo suizo Enrique Rébsamen funda la Escuela Normal de Jalapa, la cual tuvo enorme prestigio.

1886.
1 de noviembre.—El jefe político de Zacatecas, Atenógenes Llamas, asesina al general Trinidad García de la Cadena, por haberse sublevado contra el gobierno de Porfirio Díaz. García de la Cadena fue fusilado sin información de causa en Estación González, Zac.

1886.
8 de diciembre.—Nace en la ciudad de Guanajuato, Gto., el pintor y muralista Diego Rivera. Dueño de riquísimo bagaje de ideas y técnicas, puso todo su talento y sensibilidad al servicio de colosales concepciones plásticas e históricas, cuyo tema central es México, sus paisajes, sus climas, sus frutos, sus hombres, sus héroes, sus verdugos y sus víctimas. Muere el 24 de noviembre de 1957 en el Distrito Federal.

1887.
24 de febrero.—Se funda la Escuela Normal de México.

1887.
13 de diciembre.—Se vota una ley para obtener un préstamo con la Casa Bleichroeder, de Berlín, por quinientas mil libras esterlinas, a muy bajo interés. Con este préstamo, manejado hábil y honradamente, se logró pagar la deuda exterior. La nueva deuda se fue pagando anualmente en fecha exacta y a los cinco años quedó liquidada.

1887.
14 de diciembre.—Se expide un decreto que divide a la península de la Baja California en dos territorios.

1887.
23 de diciembre.—En El Rosario, Sin., los rurales matan en un combate al sublevado Heraclio Bernal.

1888.
19 de febrero.—El jefe yaqui José María Leyva, conocido con el nombre de **Cajeme,** es fusilado por

17 de febrero de 1908: El presidente Porfirio Díaz, declara al periodista norteamericano James Creelman su resolución de dejar el poder.

rebelarse y oponerse al despojo de tierras de su tribu. La ejecución se llevó a cabo en la población de Mocorito, Son.

1888.
15 de junio.—Nace el célebre poeta Ramón López Velarde en Jerez (hoy Ciudad García), del estado de Zacatecas. Abogado de profesión, fue amigo y simpatizante de Francisco I. Madero. Ejerció el periodismo y la docencia, pero, sobre todo, cultivó con extraordinaria calidad la poesía y la prosa. Falleció el 19 de junio de 1921 en la ciudad de México.

1888.
1 de diciembre.—Se reforma la Constitución de 1857 con el propósito de reelegir a Porfirio Díaz para un tercer periodo, el cual finalizaría hasta el 30 de noviembre de 1892.

1889.
21 de abril.—Muere en Nueva York el ex presidente de la República Sebastián Lerdo de Tejada.

1889.
11 de noviembre.—En Guadalajara, un individuo llamado Primitivo Ron, asesina al general Ramón Corona, héroe nacional y gobernador del estado de Jalisco.

1890.
1 de enero.—Entra en vigor el Nuevo Código de Comercio.

1890.
16 de marzo.—El gobierno mexicano otorga las primeras concesiones petroleras a la London-Oil Company.

1891.
21 de marzo.—Se promulga la ley que hace obligatoria la instrucción primaria en el Distrito Federal.

1892.
23 de mayo.—Es inaugurado el ferrocarril de México a Cuautla.

1892.
4 de junio.—El gobierno presidido por el general Díaz promulga la Ley de Minería.

1893.
8 de julio.—La República mexicana y la Gran Bretaña firman un tratado para establecer límites con el territorio de Belice.

1895.
1 de abril.—Se establece un nuevo tratado de límites con la República de Guatemala, después de una serie de incidentes que estuvieron a punto de producir un estado de guerra entre México y los guatemaltecos.

1896.
23 de abril.—Zarpa de Guaymas, Son., en un viaje de buena voluntad alrededor del mundo, la corbeta **Zaragoza,** de la marina mexicana. El viaje terminó exitosamente en Veracruz al año siguiente.

1896.
1 de diciembre.—Nuevas elecciones y cuarta reelección del general Díaz.

1896.
29 de diciembre.—En Santa Rosalía de Camargo,

Chihuahua, nace David Alfaro Siqueiros, quien fuera uno de los tres grandes del muralismo mexicano. Militó en las filas del ejército constitucionalista; trabajó activamente en organizaciones obreras y tomó parte en la política nacional. Su disidencia con el gobierno le valió ser encarcelado repetidas veces. Murió en Cuernavaca, Mor., en 1974.

1897.

16 de septiembre.—Arnulfo Arroyo, un hombre del pueblo, atacó al general Díaz en la Alameda. Arroyo fue detenido, remitido a la cárcel de Belen y asesinado por orden del inspector Eduardo Velázquez.

1899.

31 de julio.—Los indios yaquis se sublevan contra el gobierno del general Porfirio Díaz. Lo acusan de despojo de tierras mediante las Compañías Deslindadoras.

1899.

26 de agosto.—Nace en la ciudad de Oaxaca, Oax., el pintor y muralista Rufino Tamayo, mundialmente conocido y alabado por su obra, sobre todo la de caballete.

1899.

16 de octubre.—Invitado por la ciudad de Chicago sale a los Estados Unidos el presidente Díaz. Deja a cargo del gobierno al licenciado Ignacio Mariscal.

1899.

8 de noviembre.—Combate en La Angostura, Son., entre tropas federales y los indios yaquis sublevados. Los indios prisioneros fueron deportados a Yucatán.

1899.
1 de diciembre.—Quinta reelección del presidente Porfirio Díaz.

1899.
31 de diciembre.—Las tropas federales, a las órdenes del general Ignacio A. Bravo, derrotan a los indios mayas en Sabán, Yuc.

1900.
18 de enero.—Fundan el periódico anarquista **Regeneración** Ricardo y Enrique Flores Magón, Antonio Horcasitas, Librado Rivera y Eugenio Arnaux.

1900.
17 de marzo.—El presidente Díaz inaugura las obras del desagüe del valle de México.

1900.
31 de diciembre.—Se terminan de construir catorce mil ochocientos sesenta kilómetros de vía férrea.

1900.
31 de diciembre.—El censo general de población arroja la cifra de trece millones quinientos cuarenta y cinco mil habitantes.

1901.
5 de febrero.—En San Luis Potosí se celebra el Congreso Liberal convocado por el ingeniero Camilo Arriaga. Ricardo Flores Magón asiste como representante del Club Liberal de Estudiantes de México.

1901.
5 de abril.—El gobierno ordena sean disueltos los Partidos Liberales que hay en la República.

1901.
14 de mayo.—Las leyes penales son reformadas.

1901.
15 de junio.—Ricardo y Jesús Flores Magón son aprehendidos por publicar artículos subversivos en **Regeneración.**

1901.
21 de junio.—Se concluyen los trabajos de irrigación en el valle Imperial y en el valle de Mexicali, realizados para intensificar la agricultura.

1901.
19 de septiembre.—Ley Federal de Notarías; en ella se fija el número de notarías que debe haber en cada circunscripción.

1902.
22 de mayo.—Fallece en México el general don Mariano Escobedo, héroe nacional y vencedor de los imperialistas en Querétaro. Fue enterrado con grandes honores militares.

1902.
1 de noviembre.—Se funda la empresa Ferrocarriles Unidos de Yucatán, que en 1968 pasó a poder del gobierno. A todo el sistema se le denominó Ferrocarril del Sureste.

1902.
24 de noviembre.—Creación del territorio de Quintana Roo, con la porción oriental de la península de Yucatán.

1902.
14 de diciembre.—Fundación del Instituto Geológico Mexicano.

1903.
20 de marzo.—Manifiesto del Club Liberal Ponciano Arriaga en contra de la dictadura de Porfirio Díaz.

1903.
16 de abril.—En la redacción del periódico **El Hijo del Ahuizote,** son aprehendidos los hermanos Flores Magón, Alfonso Cravioto, Juan Sarabia y Edmundo Rodríguez Gálvez, acusados de ultrajes a funcionarios públicos.

1903.
23 de abril.—El gobierno mexicano envía una excursión científica a las islas Revillagigedo.

1903.
31 de octubre.—Inauguración del Teatro Juárez en la ciudad de Guanajuato.

1903.
1 de noviembre.—La Unión Liberal celebra una Convención para promover la sexta reelección del general Porfirio Díaz.

1904.
10 de febrero.—Los hermanos Flores Magón se trasladan a los Estados Unidos para seguir publicando el periódico anarquista **Regeneración.**

1904.
1 de marzo.—El arquitecto italiano Adamo Boari, por contrato con el gobierno mexicano, empieza a cons-

truir el Teatro Nacional, después llamado de Bellas Artes. Se inauguró el 29 de septiembre de 1934.

1904.
8 de abril.—En Jalapa, Ver., fallece el gran pedagogo suizo Enrique Rébsamen, quien tanto beneficio hizo por la educación nacional.

1904.
4 de mayo.—Se reforma la Constitución para aumentar el periodo presidencial a seis años.

1904.
1 de diciembre.—Sexta reelección del general Porfirio Díaz como presidente de la República; primera para un periodo de seis años.

1905.
16 de mayo.—Se crea la Secretaría de Educación Pública, al frente de la cual queda don Justo Sierra.

1906.
1 de junio.—Estalla una huelga en el mineral de Cananea, Son., con una manifestación encabezada por Manuel M. Diéguez, Esteban Baca Calderón y otros operarios. Exigen igual trato, empleo y sueldo que los norteamericanos. El gobernador del Estado, Rafael Izábal, con veinte rurales, veinte soldados y **rangers** norteamericanos,trata de acabar con ella. Fue el primer movimiento obrero serio prerrevolucionario. Los líderes de la huelga fueron aprehendidos y enviados presos a San Juan de Ulúa.

1906.
1 de julio.—En San Louis Missouri, el Partido Liberal Mexicano, dirigido por los hermanos Flores

Magón, lanza un programa pidiendo reformas a la Constitución, salario mínimo, prohibición del trabajo infantil y otras peticiones.

1906.
30 de septiembre.—En Acayucan, Ver., encabezados por Hilario Salas, se sublevan los campesinos en contra del despojo de tierras.

1906.
7 de noviembre.—El héroe ferrocarrilero, Jesús García, con sacrificio de su vida, impide una catástrofe ferrocarrilera en Nacozari, Sonora.

1906.
14 de diciembre.—Estalla la huelga de los obreros de la industria textil de la región de Orizaba, Ver.

1907.
5 de enero.—El presidente Díaz, ante el cual acuden los obreros en demanda de justicia, da un laudo en su contra.

1907.
23 de enero.—Se inauguran las grandes obras de los puertos de altura de Salina Cruz y de Coatzacoalcos. Se traslada por ferrocarril la carga de un barco, del Pacífico al Golfo de México.

1907.
17 de febrero.—Es inaugurado el suntuoso palacio del Correo, obra proyectada y ejecutada por el arquitecto Adamo Boari.

1907.
6 de julio.—En una sola emisión, el gobierno me-

xicano compra todas las acciones de los ferrocarriles Central y Nacional.

1907.
7 de noviembre.—El gobierno mexicano concede a los Estados Unidos el permiso para que su flota de guerra ponga una estación carbonera y haga ejercicios de tiro en la bahía de Magdalena, Son.

1908.
17 de febrero.—Entrevista Díaz-Creelman. El presidente Díaz declara al periodista norteamericano, James Creelman, del **Pearson-Magazzine,** que estaba resuelto a dejar el poder y que vería con buena opinión la creación de partidos de oposición.

1908.
30 de junio.—Levantamiento contra el gobierno por el despojo de tierras de que fueron víctimas pequeños propietarios en Palomas, Chih. El movimiento fue planeado por anarquistas mexicanos residentes en los Estados Unidos. La rebelión fue fácilmente reprimida por algunos rurales.

1908.
16 de octubre.—Entrevista de los presidentes William H. Taft, de los Estados Unidos y Porfirio Díaz, en Ciudad Juárez, Chih.

1908.
21 de noviembre.—El señor don Francisco I. Madero publica su libro **La sucesión presidencial en 1910.**

1909.
22 de enero.—Se funda en México el Partido De-

mocrático y postula al general Bernardo Reyes para la vicepresidencia.

1909.
19 de mayo.—En la calle de Tacuba de la ciudad de México, el licenciado Emilio Vázquez, el señor Francisco I. Madero, el ingeniero Patricio Leyva, el ingeniero Alfredo Robles Domínguez, el licenciado Luis Cabrera y otras personos más, fundan el Club Antirreeleccionista de México.

1909.
22 de mayo.—Se funda el Partido Antirreeleccionista, cuyos principios fueron «Sufragio Efectivo. No Reelección.»

1909.
18 de junio.—Don Francisco I. Madero inicia la campaña política por el antirreeleccionismo, fundando clubes en las principales ciudades.

1909.
1 de julio.—En su visita al puerto de Progreso, Yucatán, el señor Madero conoce al licenciado José María Pino Suárez.

1909.
9 de septiembre.—El general Bernardo Reyes renuncia a su candidatura para vicepresidente de la República.

1909.
28 de septiembre.—El gobierno clausura el periódico dirigido por Félix F. Palaviccini, por haber publicado una dura crítica al permiso otorgado a la marina norteamericana en Bahía Magdalena, Son.

1910.
2 de enero.—El señor Madero inicia su segunda gira política por los estados de la costa del Pacífico.

1910.
10 de abril.—Don Teodoro Dehesa concerta una entrevista del señor Madero y del presidente Díaz. En ella, Madero es tratado con burla y desprecio.

1910.
13 de abril.—En el Tívoli del Elíseo, de la ciudad de México, los clubes antirreeleccionistas celebran una convención y designan candidatos: para la presidencia de la República, a don Francisco I. Madero y para la vicepresidencia a don Francisco Vázquez Gómez.

1910.
20 de mayo.—En su tercera gira política, Madero conoce, en Puebla, a don Aquiles Serdán.

1910.
26 de mayo.—El presidente Díaz firma un decreto estableciendo los cursos de la Universidad de México, dependiente de la Secretaría de Instrucción Pública y Bellas Artes.

1910.
6 de junio.—En Monterrey, es aprehendido don Francisco I. Madero, candidato a la presidencia, acusado de los delitos de intento de rebelión y de ofensas a las autoridades.

1910.
12 de junio.—En el sur de Sinaloa se levanta en

9 de febrero de 1913: Los cadetes del Colegio Militar escoltan al presidente Madero, al producirse contra su gobierno la asonada militar conocida como "La Decena Trágica."

armas, con unos doscientos hombres, el comerciante Gabriel Leyva, pero es alcanzado por el capitán Ignacio Herrera que lo hace prisionero y lo fusila sin formación de causa.

1910.
15 de junio.—Francisco I. Madero es enviado, junto con don Roque González Garza, a la penitenciaría de San Luis Potosí.

1910.
16 de septiembre.—Grandes fiestas con motivo del primer centenario de la iniciación de la lucha por la Independencia, con la asistencia de muchos diplomáticos, enviados especialmente por gobiernos amigos de México. Se inaugura la estatua a la Independencia y muchas otras obras públicas.

1910.
4 de octubre.—Por bando se comunica a la nación que el general Porfirio Díaz ha sido reelecto para un séptimo período presidencial y como vicepresidente a Ramón Corral.

1910.
5 de octubre.—Después de las elecciones, el señor Madero y don Roque González Garza son puestos en libertad bajo caución. Abandonan San Luis Potosí y escapan a San Antonio, Texas.

5

La Revolución

1910.
7 de octubre.—Don Francisco I. Madero proclama el Plan de San Luis, redactado en San Antonio, Texas, e invita al pueblo mexicano a insurreccionarse contra el gobierno, el 20 de noviembre de 1910.

1910.
9 de octubre.—Se inaugura el Servicio Sismológico Nacional.

1910.
18 de noviembre.—En Puebla, la policía se presenta en la casa de don Aquiles Serdán para catearla y apresarlo. Serdán se defiende valientemente hasta morir. Sus hermanas lo ayudan en la resistencia.

1910.
19 de noviembre.—Doroteo Arango –Francisco Villa– se presenta con quince hombres de su partida ante el prominente maderista de Chihuahua, don Abraham González.

1911.
1 de enero.—El Censo General de Población estima que la República Mexicana tiene quince millones ciento sesenta mil habitantes.

1911.
18 de enero.—La marina norteamericana abandona la Bahía Magdalena, por haberse vencido la fecha del permiso que le otorgó el gobierno mexicano.

1911.
2 de febrero.—En Nieves, Zac., se levanta en armas don Luis Moya, reconociendo el Plan de San Luis. Moya murió el 10 de mayo en un combate contra los rurales en Sombrerete, Zac.

1911.

14 de febrero.—Por el vado de San Agustín, un poco al sur de Ciudad Juárez, entra a territorio mexicano el señor Madero, acompañado de muchos amigos y simpatizantes.

1911.

6 de marzo.—Madero y sus voluntarios atacan Casas Grandes. Es derrotado por un batallón federal.

1911.

18 de abril.—Asedian Ciudad Juárez, Madero, Pascual Orozco, Francisco Villa y muchos otros revolucionarios.

1911.

10 de mayo.—Se rinde la guarnición de Ciudad Juárez. Pascual Orozco quiere fusilar al general Navarro, jefe de los federales.

1911.

21 de mayo.—Se firma el Pacto de Ciudad Juárez. En él se declaraba que Díaz y Corral renunciarían a sus cargos; que el secretario de Relaciones Exteriores, Francisco León de la Barra, entraría como presidente provisional y convocaría a nuevas elecciones; que el señor Madero renunciaría a la presidencia que se había abrogado en virtud del plan de San Luis y que el nuevo gobierno acordaría las indemnizaciones que les correspondieran a los particulares por los daños causados por la Revolución.

1911.

25 de mayo.—Renuncia a la presidencia de la República el general Porfirio Díaz. Por cable, el vicepresidente Ramón Corral envía su renuncia de Europa. Ambas renuncias fueron aceptadas por el Congreso.

1911.
26 de mayo.—Acompañado de su familia, sale para Veracruz el general Díaz. Se embarca en el vapor alemán **Ipiranga,** con destino a España. Ese mismo día toma posesión de la presidencia interina el licenciado León de la Barra.

1911.
7 de junio.—Llega a la ciudad de México el jefe de la Revolución, don Francisco I. Madero. Es recibido apoteósicamente.

1911.
15 de junio.—La policía de Los Angeles aprehende a los hermanos Flores Magón y a sus compañeros, acusados de violar la Ley de Neutralidad.

1911.
22 de junio.—Auxiliado por el pueblo, el 8º Batallón derrota, en Tijuana, a los filibusteros encabezados por Jack B. Mosby, obligándolos a regresar a los Estados Unidos.

1911.
23 de agosto.—En Tezcoco, Méx., el licenciado Andrés Molina Enríquez proclama un plan de la Revolución Agraria.

1911.
6 de noviembre.—Electo presidente de la República, don Francisco I. Madero ocupa su cargo. Como vicepresidente es electo el licenciado José María Pino Suárez.

1911.
28 de noviembre.—Emiliano Zapata, Cecilio Montaño, Antonio Díaz Soto y Gama y otros revolucionarios, proclaman el Plan de Ayala (de contenido agrario), desconociendo al presidente Madero y nombrando en su lugar a Pascual Orozco.

1911.
16 de diciembre.—En Linares, Nuevo León, el general Bernardo Reyes –quien se había levantado en armas contra Madero el día 16– se entrega a unos rurales como prisionero. Es enviado a la prisión militar de Santiago Tlaltelolco, en la ciudad de México.

1912.
3 de enero.—En Chihuahua, Chih., se levanta en armas Pascual Orozco. Desconoce al presidente Madero y proclama el Plan de Empacadora.

1912.
16 de enero.—El general José González Salas, secretario de Guerra y Marina, recibe el mando de las tropas que combatirán a los revolucionarios orozquistas.

1912.
25 de marzo.—En Rellano, Chihuahua, los orozquistas de Emilio Campa lanzan una «máquina loca» cargada de dinamita. La máquina alcanza a los trenes con tropas del gobierno, causa muchas bajas y los obligan a retroceder a Torreón. El general Salas, militar pundonoroso, se suicida.

1912.
10 de abril.—El general Victoriano Huerta recibe

del gobierno el mando de la llamada División del Norte, estacionada en Torreón.

1912.
22 de mayo.—En Rellano, Chih., las tropas del general Huerta derrotan a los orozquistas.

1912.
3 de julio.—Las tropas federales derrotan a los orozquistas en el cañón de Bachimba, Chih.

1912.
15 de julio.—En la ciudad de México, el anarquista español Juan Francisco Moncaleano, los obreros Pioquinto Roldán, Manuel Sarabia, Rafael Taylor, Celestino Gasca y otros más fundan la Casa del Obrero Mundial.

1912.
1 de agosto.—Con voluntarios de Sonora, el teniente coronel Alvaro Obregón derrota a los orozquistas en Ojitos, Chih.

1912.
13 de septiembre.—Muere en la ciudad de México el esclarecido historiador y hombre de letras, don Justo Sierra.

1912.
16 de octubre.—En Veracruz, se subleva el general Félix Díaz y levanta en armas al 19 Batallón. Lo derrotan y hacen prisionero. Se le instruye juicio y es sentenciado a muerte. Interpone amparo y su incidente es enviado a México, en tanto a él, debidamente escoltado, lo remiten a la penitenciaría del Distrito Federal.

1913.

9 de febrero.—En la ciudad de México los generales Manuel Mondragón y Gregorio Ruiz encabezan un cuartelazo y ponen en libertad a los generales Félix Díaz y Bernardo Reyes. Este último es reconocido como jefe. Los sublevados tratan de apoderarse de Palacio, pero son rechazados por los soldados al mando del general Lauro Villar. En el ataque muere el general Reyes. El general Gregorio Ruiz es hecho prisionero. Escoltado por el pueblo y por algunos cadetes del Colegio Militar (era domingo y no había muchos en el plantel de Chapultepec), el presidente Madero se dirigió a Palacio, donde su hermano Gustavo ordenó fusilaran en las cocheras al general Gregorio Ruiz y a dos sargentos de alumnos de la Escuela de Aspirantes. Los sublevados, encabezados por Díaz y Mondragón, se hicieron fuertes en la Ciudadela. El presidente Madero ordenó al general Villar, herido en el combate, le entregara el mando de la guarnición de la plaza al general Victoriano Huerta.

1913.

18 de febrero.—El cabo de rurales, Francisco Cárdenas, aprehende al señor Gustavo Adolfo Madero, hermano del presidente de la República y lo entrega a los sublevados de la Ciudadela, que lo asesinaron cruelmente.

1913.

18 de febrero.—A las 9:30 de la noche, en el salón de recepciones de la embajada de los Estados Unidos, conferencian y se ponen de acuerdo los generales Victoriano Huerta y Félix Díaz: Madero sería destituido y Huerta recibiría el gobierno interinamente, convocaría a elecciones y apoyaría en su postulación al general Díaz.

1913.
19 de febrero.—Después de alguna resistencia, el presidente Madero y el vicepresidente Pino Suárez son hechos prisioneros por el general Blanquet con el 29 Batallón. Se obtiene de ellos la renuncia a sus cargos, la cual es aceptada por las Cámaras.

1913.
22 de febrero.—Son asesinados los señores Madero y Pino Suárez. Es nombrado presidente de la República el licenciado Pedro Lascuráin, pero inmediatamente renuncia, en favor del general Huerta.

1913.
5 de marzo.—El gobernador de Sonora, Ignacio L. Pesqueira, desconoce al gobierno del general Victoriano Huerta y pide al Congreso local autorización para levantar tropas y combatir a Huerta.

1913.
7 de marzo.—Esbirros del general Huerta asesinan, en la ciudad de Torreón, al gobernador de Chihuahua, don Abraham González.

1913.
26 de marzo.—Don Venustiano Carranza, gobernador de Coahuila, proclama el Plan de Guadalupe, desconociendo al gobierno del general Huerta. El plan se firmó en la hacienda de Guadalupe, estado de Coahuila.

1913.
18 de abril.—En Monclova, Coahuila, se celebra la

Convención Constitucionalista, con representantes de los estados de Sonora, Chihuahua y Coahuila, a efecto de desconocer al gobierno del general Huerta. Carranza es nombrado Primer Jefe del Ejército Constitucionalista.

1913.
6 de agosto.—El general Lucio Blanco lleva a cabo el primer reparto de tierras entre campesinos. Distribuyó en parcelas la hacienda de los Borregos, propiedad del general Félix Díaz, en Matamoros, Tamaulipas.

1913.
7 de octubre.—En el Hotel Jardín, de la ciudad de México, la policía aprehende al senador por el estado de Chiapas, don Belisario Domínguez, por haber pronunciado dos discursos en la Cámara acusando enérgicamente al general Huerta como responsable del asesinato de los señores Madero y Pino Suárez. Posteriormente fue asesinado en Coyoacán.

1913.
El general Huerta disuelve el Congreso de la Unión y apresa a los diputados opositores.

1913.
12 de noviembre.—En el camino de San Jerónimo a Chihuistlán, Oaxaca, asesinan al diputado por Oaxaca, don Adolfo Gurrión, por orden del general Huerta, de quien Gurrión se declaró su enemigo.

1913.
24 de noviembre.—El presidente norteamericano, Wilson, declara oficialmente que forzaría al general Huerta a dejar el poder.

1914.
2 de abril.—La División del Norte, al mando del general Francisco Villa, ocupa Torreón después de ocho días de furiosos combates contra la División del Nazas, al mando del general José Refugio Velasco.

1914.
9 de abril.—La guarnición federal detiene en Tampico a unos marinos norteamericanos que desembarcaron armados. El almirante Mayo exige su libertad y se le rindan honores a la bandera de los Estados Unidos. Como se le niegan, ello sirve de pretexto para que la marina norteamericana ocupe Veracruz.

1914.
21 de abril.—Después de un intenso bombardeo, los marinos norteamericanos ocupan Veracruz. Entre los defensores del puerto mueren el teniente de marina don José Azueta y Virgilio Uribe, cadete de la Escuela Naval.

1914.
23 de junio.—La División del Norte, al mando del general Villa, se apodera de la ciudad de Zacatecas, derrotando a la guarnición federal al mando del general Luis Medina Barrón. Los villistas sufren tan graves pérdidas que se ven imposibilitados a seguir su marcha hacia Aguascalientes.

1914.
8 de julio.—El general Alvaro Obregón entra a Guadalajara, después de derrotar a las tropas federales que habían estado a las órdenes del general José María Mier, quien murió cuando trataba de marchar a Irapuato.

13 de abril de 1915: Comienza la segunda batalla de Celaya entre los fuerzas villistas y constitucionalistas. En ella fue derrotado Francisco Villa por el general Alvaro Obregón.

1914.

14 de julio.—El general Victoriano Huerta renuncia al Poder Ejecutivo y se embarca en el crucero alemán **Dresden** con rumbo a Europa. Deja encargado del gobierno al licenciado Francisco Carvajal.

1914.

13 de agosto.—En Teoloyucan, estado de México, Carranza firma los tratados en virtud de los cuales el general Obregón, a nombre del constitucionalismo, recibía la rendición del ejército federal de manos del general José Refugio Velasco, en representación del presidente interino Francisco Carvajal, el cual se había exiliado.

1914.

20 de agosto.—Entra don Venustiano Carranza a la capital, en calidad de Primer Jefe del Ejército Constitucionalista. De acuerdo con el Plan de Guadalupe, el señor Carranza asume el Poder Ejecutivo.

1914.

25 de agosto.—El presidente Carranza comunica a los jefes revolucionarios que el primero de octubre se efectuará en la ciudad de México una asamblea para estudiar la forma de volver a la normalidad constitucional.

1914.

1 de octubre.—El señor presidente Carranza organiza una magna convención para ser ratificado como presidente interino de la República. Dicha convención es rechazada por villistas y zapatistas.

1914.

16 de octubre.—Se inicia la magna Convención

Revolucionaria de Aguascalientes. Asisten personalmente el general Villa, los enviados de Carranza y de Emiliano Zapata. En la convención se desconoce como presidente al señor Carranza y en su lugar se nombra al general Eulalio Gutiérrez.

1914.
2 de noviembre.—Carranza sale a Veracruz para establecer la sede del gobierno en ese puerto.

1914.
24 de noviembre.—Las tropas norteamericanas desocupan el puerto de Veracruz y llega Venustiano Carranza a establecer el gobierno constitucionalista.

1914.
24 de noviembre.—Los zapatistas entran a la ciudad de México.

1914.
3 de diciembre.—Se instala en México la presidencia provisional del general Eulalio Gutiérrez, nombrado por la Convención de Aguascalientes.

1914.
4 de diciembre.—Se reúnen en Xochimilco los generales Francisco Villa y Emiliano Zapata.

1914.
12 de diciembre.—En Veracruz, el presidente Carranza efectúa adiciones al Plan de Guadalupe, para rechazar lo acordado por la Convención de Aguascalientes.

1915.
6 de enero.—El licenciado Luis Cabrera, miembro

del gobierno constitucionalista del señor Venustiano Carranza formula, en Veracruz, la famosa ley del 6 de enero, la cual dispone la restitución de ejidos y la dotación de tierras a los campesinos.

1915.

11 de enero.—En la aldea de Shambao, Oaxaca, fusilan al general Jesús Carranza, hermano de don Venustiano. Lo hizo prisionero y fusiló el general Manuel Santibáñez con fuerzas del estado de Oaxaca.

1915.

16 de enero.—Sale a San Luis Potosí, seguido por algunos amigos, de sus colaboradores y de algunos soldados, el presidente de la República (nombrado por la Convención de Aguascalientes), don Eulalio Gutiérrez, por no haberse prestado a los manejos de Villa.

1915.

19 de enero.—En Veracruz, el general Obregón recibe el mando de las tropas constitucionalistas. Inmediatamente avanza hacia Puebla, en tanto que Zapata se retira al sur y Villa marcha a Chihuahua en busca de sus tropas.

1915.

17 de febrero.—Una vez que el general Obregón toma posesión de la ciudad de México, los trabajadores afiliados a la Casa del Obrero Mundial le ofrecen sus servicios en la campaña contra Villa. Se organizan en nueve Batallones Rojos y le prestan a Obregón una valiosa cooperación en toda la campaña.

1915.
10 de marzo.—Con treinta mil hombres sale de México el general Alvaro Obregón a combatir a Villa, cuyas fuerzas se hallaban en Aguascalientes, Irapuato y Salamanca.

1915.
15 de marzo.—Después de derrotar a los rebeldes de Yucatán encabezados por Ortiz Argumedo, el general Salvador Alvarado recibe el nombramiento de gobernador y comandante militar de ese estado, y lleva a cabo una serie de reformas sociales, políticas y administrativas de gran importancia.

1915.
21 de marzo.—Empiezan los combates en El Ebano, San Luis Potosí, entre los constitucionalistas, al mando del general Jacinto B. Treviño, y los villistas de Tomás Urbina.

1915.
4 de abril.—El general Obregón llega a Celaya con sus tropas. Los villistas se encuentran en Irapuato.

1915.
6 de abril.—Los días 6 y 7 de este mes, en Celaya, libran su primera batalla los villistas contra los constitucionalistas.

1915.
13 de abril.—Durante tres días se llevan a cabo los furiosos combates de la segunda batalla de Celaya entre villistas y constitucionalistas. Los villistas tuvieron fuertes pérdidas. Obregón hace fusilar a todos los jefes y oficiales que cayeron

prisioneros. Para el día 16, Villa, derrotado, se retira a León.

1915.

Del 1 al 5 de junio.—Los villistas y constitucionalistas libran los combates de La Trinidad y de Santa Ana del Conde, cerca de León, Gto. El general Alvaro Obregón es herido de gravedad por un fragmento de granada de cañón.

1915.

9 de junio.—Los convencionistas de Aguascalientes, que habían desconocido como presidente al general Eulalio Gutiérrez y aceptado al general Roque González Garza, nombran en lugar de éste al licenciado Francisco Lagos Cházaro, personaje sin la menor relevancia porque nadie lo reconocía.

1915.

5 de julio.—El general Obregón, ya repuesto de las graves heridas que sufrió, a consecuencia de las cuales le amputaron el brazo derecho, toma directamente el mando de las tropas.

1915.

9 de agosto.—En la laguna de Guzmán se ahoga el sanguinario jefe villista, Rodolfo Fierro.

1915.

30 de agosto.—En El Paso, Texas, los **rangers** asesinan a Pascual Orozco.

1915.

9 de octubre.—El gobierno de don Venustiano Carranza es reconocido por los Estados Unidos, Argentina, Bolivia, Brasil, Guatemala, Nicaragua y

Uruguay. Pocos días después, así lo hicieron los gobiernos de Chile, Costa Rica y El Salvador.

1915.
1 de noviembre.—Los villistas atacan Agua Prieta, Sonora, pero son rechazados por la milicia cívica al mando del general Plutarco Elías Calles.

1916.
1 de enero.—Llega don Venustiano Carranza a Querétaro, ciudad a la que declara capital de la República el 2 de febrero del mismo año.

1916.
13 de enero.—En El Paso, Texas, fallece el general Victoriano Huerta, quien había estado preso en el campo Fort Bliss.

1916.
9 de marzo.—Con unos cien hombres a caballo, Francisco Villa, Martín López, Candelario Cervantes, Francisco Beltrán y Pablo López, atacan la población de Columbus, Nuevo México, para crearle problemas internacionales a Carranza.

1916.
14 de marzo.—El general norteamericano, John Pershing, al mando de una expedición punitiva, penetra en territorio mexicano en búsqueda de Francisco Villa, a quien el gobierno mexicano declaró fuera de la ley. Las tropas norteamericanas entran a México por Ciudad Juárez y por Columbus.

1916.
12 de junio.—El presidente Carranza convoca para elecciones municipales en todo el país.

1916.

21 de junio.—En El Carrizal, lugar cercano a Villa Ahumada, Chih., se efectúa un combate entre un escuadrón norteamericano de la expedición punitiva y las tropas constitucionalistas al mando del general Félix U. Gómez. El escuadrón cayó prisionero, pero el general Gómez resultó muerto.

1916.

19 de septiembre.—El presidente interino don Venustiano Carranza convoca a elecciones para diputados a un Congreso Constituyente en Querétaro, el cual se verificó el 22 de octubre.

1916.

1 de diciembre.—En Querétaro se inician los trabajos del Congreso Constituyente convocado por el presidente Carranza.

1917.

26 de enero.—El Congreso Constituyente decreta la creación del estado de Nayarit, del antiguo territorio de Tepic.

1917.

5 de febrero.—En la ciudad de Querétaro se promulga la Constitución de 1917.

1917.

6 de febrero.—La Expedición Punitiva sale del territorio nacional sin lograr su objetivo.

1917.

1 de mayo.—De acuerdo con la Constitución de 1917, toma posesión de la presidencia de la República el Primer Jefe del Ejército Constitucionalista don Venustiano Carranza.

1918.
15 de marzo.—A petición del presidente Carranza, el gobernador de Coahuila, Gustavo Espinosa Mireles, expide una convocatoria para que las agrupaciones obreras envíen sus representantes a una convención en Saltillo. De esta convención surgió la Confederación Regional Obrera Mexicana (CROM), bajo la presidencia del sindicalista Luis N. Morones.

1918.
14 de octubre.—El diputado Pastor Rouaix, enviado por el Congreso a recorrer la República para estudiar el problema agrario, remite un proyecto de ley agraria.

1918.
16 de octubre.—Arturo Trigo, diputado por el Estado de Chihuahua, propone en el Congreso una legislación sobre accidentes de trabajo.

1919.
19 de febrero.—El presidente Carranza expide un decreto para establecer un nuevo impuesto al petróleo.

1919.
10 de abril.—El coronel Jesús Guajardo, miembro de las tropas del general Pablo González, recibe la orden de asesinar a Emiliano Zapata, sublevado contra el gobierno. Le hace crear confianza por medio de ardides sangrientos y luego le tiende una emboscada en la hacienda de San Juan Chinameca, Morelos. Zapata, con algunos de sus hombres entraba a caballo al casco de la hacienda, cuando una trompeta de los soldados de Guajardo tocó los

primeros compases de Marcha de Honor, pues tal era la contraseña para que tiradores bien apostados abriesen el certero fuego que mataría a Zapata y a su escolta.

1919.
15 de noviembre.—En un lugar cercano a Chihuahua, es hecho prisionero el general Felipe Angeles. Sujeto a juicio sumario, es sentenciado a muerte y fusilado el día 26.

1920.
10 de febrero.—Cercana la sucesión presidencial, Carranza declara que el voto sería respetado, pero apoya decididamente la candidatura del ingeniero Ignacio Bonillas contra la de los generales Pablo González y Alvaro Obregón.

1920.
15 de febrero.—Los gobiernos de los estados de Sonora, Sinaloa y Nayarit, hacen duras y formales declaraciones en contra del presidente Carranza, por lo que éste ordena el envío de tropas a Sonora, foco principal de la inquietud.

1920.
10 de abril.—Don Adolfo de la Huerta, gobernador constitucional de Sonora, rompe relaciones con el Ejecutivo Federal, acusándolo de violación a la soberanía del Estado.

1920.
13 de abril.—Sale de la capital mexicana el general Alvaro Obregón, escapando de la persecución de la policía carrancista.

6

México Contemporáneo

1920.
24 de abril.—Apoyándose en el Plan de Agua Prieta, los generales Plutarco Elías Calles, Francisco R. Manzo y Angel Flores, se rebelan contra el gobierno y desconocen a Carranza como presidente de la República, declarando al gobernador de Sonora, Adolfo de la Huerta, Jefe Supremo del Ejército. Posteriormente, De la Huerta ocuparía la presidencia con carácter provisional.

1920.
7 de mayo.—Cuando el presidente Carranza vio que la mayoría de los jefes militares se unían al Plan de Agua Prieta y que la rebelión cundía con rapidez, salió de la capital con intenciones de dirigirse a Veracruz.

1920.
18 de mayo.—El presidente Carranza ordena que regrese a la ciudad de México el escuadrón de cadetes del Colegio Militar que le servía de escolta.

1920.
21 de mayo.—En la aldea de Tlaxcalantongo, en la sierra de Puebla, Rodolfo Herrero y algunos de sus hombres asesinan a Carranza.

1920.
1 de junio.—Adolfo de la Huerta recibe interinamente al gobierno de la República.

1920.
14 de julio.—Ponen en libertad al general Pablo González, quien fuera acusado de rebelión en Mon-

5 de febrero de 1917: Es promulgada en la Ciudad de Querétaro por el presidente don Venustiano Carranza, la nueva Constitución Política de los Estados Unidos Mexicanos.

terrey, N. L. Fue juzgado y sentenciado a muerte, pero el gobierno lo perdonó.

1920.
17 de julio.—El general Jesús Guajardo –el asesino de Emiliano Zapata– es fusilado en Monterrey, N. L., por levantarse en armas contra el gobierno.

1920.
28 de julio.—Francisco Villa se rinde en Sabinas, Coah., al gobierno de don Adolfo de la Huerta. Recibe por parte del gobierno la hacienda de Canutillo, en Durango, y se le permite tener una escolta de cincuenta hombres, cuyos haberes corren a cuenta de la Secretaría de Guerra.

1920.
5 de septiembre.—Se efectúan las elecciones presidenciales. Son candidatos el ingeniero Alfredo Robles Domínguez y el general Alvaro Obregón.

1920.
26 de octubre.—El Congreso de la República declara presidente electo al general Alvaro Obregón para el periodo 1920-1924. Toma posesión de su cargo el 1 de diciembre de 1920.

1921.
9 de julio.—Se crea la Secretaría de Educación Pública, cuyo primer secretario fue el licenciado José Vasconcelos.

1921.
3 de septiembre.—El gobierno mexicano y los magnates petroleros norteamericanos firman un

convenio en el que éstos aceptan pagar un diez por ciento más, cantidad que será aplicada al pago de la deuda exterior.

1922.
15 de mayo.—El doctor Manuel Gamio y Byron Cummings inician la excavación de la zona arqueológica de Cuicuilco.

1922.
9 de junio.—Del río Bravo son sacados los cadáveres del general Lucio Blanco y del coronel Aurelio Martínez, muertos en Laredo por los rangers norteamericanos.

1922.
14 de septiembre.—Se firma el Convenio Lamont-De la Huerta, por el cual aceptaba el gobierno una cifra exagerada por concepto de la deuda exterior y nuevos créditos a México. Además, se aceptaban los daños sufridos por los ciudadanos americanos durante la guerra. El Convenio fue firmado por Adolfo de la Huerta y James Lamont, representante de la banca norteamericana.

1922.
31 de octubre.—En Tepehuanes, Durango, fusilan al general Francisco Murguía acusado de rebelión y por órdenes del general Alvaro Obregón.

1923.
20 de julio.—El general Francisco Villa, el coronel Trillo y dos de sus hombres de escolta, son asesinados en una emboscada en la ciudad de Parral, Chih., por el diputado local Jesús Salas Barraza, Melitón Lozoya y otros.

1923.

31 de agosto.—El gobierno mexicano le informa al pueblo que se han reanudado las relaciones diplomáticas con los Estados Unidos, al firmarse los tratados de Bucareli o Convención Especial de Reclamaciones por pérdidas sufridas por ciudadanos o sociedades de los Estados Unidos por la Revolución.

1923.

15 de diciembre.—En Veracruz se subleva don Adolfo de la Huerta, junto con Guadalupe Sánchez, Miguel Alemán y otros jefes, por la arbitraria elección que se hizo del general Plutarco Elías Calles para presidente de la República. Este levantamiento tuvo mayor fuerza en los estados de Jalisco, Colima, Guanajuato y Zacatecas, encabezado por el general Enrique Estrada. En Yucatán, la guarnición se sublevó contra el gobernador Felipe Carrillo Puerto.

1924.

3 de enero.—En el panteón de Mérida, Yucatán, las tropas de la rebelión delahuertista, al mando del general Ricardez Broca, fusilan al gobernador Felipe Carrillo Puerto, a sus hermanos y a otros correligionarios.

1924.

4 de febrero.—Derrotados los delahuertistas en el estado de Veracruz, Adolfo de la Huerta establece su gobierno en Frontera, Tab.; de ahí lo traslada a Isla del Carmen y a mediados de marzo, ya fracasada la rebelión, huye a los Estados Unidos.

1924.

10 de febrero.—En Ocotlán, Jal., derrotan totalmente a los rebeldes delahuertistas al mando del general Enrique Estrada.

1924.
19 de abril.—En la hacienda de El Hormiguero, Tabasco, fusilan al general Salvador Alvarado por rebelarse contra el gobierno.

1924.
6 de julio.—Se efectúan las elecciones presidenciales; figuran como candidatos los generales Angel Flores y Plutarco Elías Calles.

1924.
1 de diciembre.—El general Plutarco Elías Calles toma posesión de la presidencia de la República.

1925.
1 de septiembre.—El gobierno del general Plutarco Elías Calles funda el Banco de México.

1926.
31 de julio.—El clero mexicano suspende los cultos, en protesta por haber sido expulsados del país el delegado apostólico y otros obispos, quienes desconocieron y atacaron a la Constitución de 1917.

1927.
19 de enero.—Muere en el castillo de Bouchot, en Bélgica, la emperatriz Carlota. Nunca logró recuperar la salud mental; algunas veces tuvo momentos de lucidez.

1927.
26 de junio.—El general Alvaro Obregón manifiesta su resolución de regresar a las actividades políti-

cas en respuesta al llamado de la nación y pasando por alto el principio de la No Reelección.

1927.
3 de octubre.—El general Francisco Serrano, candidato del Partido Antirreleccionista para la presidencia de la República, es asesinado en unión de un grupo de amigos y simpatizadores en Huiztilac, Mor.

1927.
5 de octubre.—En la Escuela de Tiro de la ciudad de México, es fusilado el general Alfredo Rueda Quijano por sublevarse en favor de Serrano.

1927.
6 de noviembre.—En Teocelo, Ver., fusilan al general Arnulfo R. Gómez por sublevarse contra el gobierno por la reelección del general Alvaro Obregón.

1927.
13 de noviembre.—En el bosque de Chapultepec se perpetra un atentado dinamitero contra el general Obregón. No hubo víctimas.

1927.
23 de noviembre.—Son fusilados como responsables del atentado contra el general Obregón, el padre José Pro Juárez, Juan Tirado, Humberto Pro Juárez y el ingeniero Luis Segura Vilchis.

1928.
1 de julio.—El general Alvaro Obregón resulta electo presidente de la República.

1928.
12 de julio.—Muere el capitán Emilio Carranza al caer su avión **México-Excélsior** en el vuelo de regreso de Nueva York a México. Cayó en Nueva Jersey.

1928.
17 de julio.—El fanático religioso José de León Toral asesina al general Alvaro Obregón en el parque de la Bombilla, en San Angel, Distrito Federal, durante un banquete que le ofrecía la diputación guanajuatense.

1928.
1 de diciembre.—El Congreso designa a Emilio Portes Gil para sustituir al general Obregón, presidente electo. Portes Gil toma posesión de la presidencia el 1 de diciembre de 1928.

1929.
8 de febrero.—Fusilan a José de León Toral en la penitenciaría del Distrito Federal.

1929.
3 de marzo.—Con el Plan de Hermosillo, se sublevan contra el gobierno los generales Francisco R. Manzo, Ricardo Topete y José Gonzalo Escobar, reconociendo como jefe de la rebelión a este último.

1929.
4 de marzo.—Para unificar la política nacional, el general Plutarco Elías Calles funda el Partido Nacional Revolucionario, más tarde Partido de la Revolución Mexicana y actualmente Partido Revolucionario Institucional.

1929.
6 de mayo.—El general Calles rinde parte de haber terminado la campaña contra los escobaristas.

1929.
27 de junio.—El gobierno interino del licenciado Emilio Portes Gil entra en arreglos y termina el problema religioso de la llamada «Revolución Cristera».

1929.
9 de julio.—Mediante un decreto presidencial se otorga la autonomía a la Universidad de México.

1929.
1 de agosto.—Se estima que en México hay dos millones doscientos cuarenta mil niños de seis a diez años, de los cuales novecientos cuarenta y dos mil concurren a la escuela.

1929.
28 de noviembre.—De los candidatos a la presidencia de la República (Pascual Ortiz Rubio, José Vasconcelos y Pedro Rodríguez Triana) Ortiz Rubio obtuvo, según el informe oficial, gran mayoría con casi dos millones de votos, por lo cual el Congreso lo reconoció como candidato electo.

1930.
22 de enero.—El gobierno mexicano rompe relaciones con la Unión Soviética porque la legación rusa era centro de intriga y propaganda. Las relaciones se reanudaron el 19 de noviembre de 1942.

1930.
5 de febrero.—Pascual Ortiz Rubio toma posesión

de la presidencia de la República. Un individuo llamado Daniel Flores, de Matehuala, S.L.P., intenta matar al presidente Ortiz Rubio disparándole seis balazos. Hirió en la mandíbula al presidente, en un hombro a la esposa y le causó algunas cortadas en la cabeza a la sobrina, a consecuencia de los vidrios rotos del automóvil. Flores murió en prisión sin haber declarado lo suficiente.

1930.

21 de junio.—El coronel Roberto Fierro realiza en dieciséis horas el vuelo de México a Nueva York.

1930.

27 de septiembre.—El licenciado Genaro Estrada, secretario de Relaciones, gira instrucciones a los representantes diplomáticos de México a efecto de establecer un cuerpo doctrinario para guiar la política exterior del país. Se le conoce como la Doctrina Estrada.

1931.

1 de mayo.—México reconoce al régimen republicano español y eleva a la categoría de embajada a su representación en Madrid.

1931.

16 de junio.—Se inicia la revisión del laudo adverso a México sobre la posesión de la isla de la Pasión o de Clipperton. Francia acepta.

1931.

29 de diciembre.—Se establece la educación secundaria en México.

1932.

15 de mayo.—México ingresa a la Liga de Naciones.

1932.
2 de septiembre.—Renuncia a la presidencia de la República el ingeniero Pascual Ortiz Rubio. El Congreso designa presidente interino al general Abelardo L. Rodríguez.

1933.
8 de junio.—Se funda en México la Academia de Cirugía.

1933.
15 de junio.—El general Lázaro Cárdenas acepta su candidatura para la presidencia de la República.

1934.
5 de enero.—En el **Diario Oficial** se publica La ley del Salario Mínimo.

1934.
10 de octubre.—Se reforma el artículo tercero constitucional, estableciendo la Educación Socialista, a petición del secretario de Educación, Narciso Bassols.

1934.
1 de diciembre.—Toma posesión de la presidencia de la República el general Lázaro Cárdenas.

1935.
1 de junio.—El gobierno mexicano, presidido por el general Cárdenas, pide a la Sociedad de Naciones se le impongan sanciones de comercio a Italia en castigo por agredir a Etiopía.

1936.
24 de febrero.—El licenciado Vicente Lombardo To-

ledano funda la Confederación de Trabajadores Mexicanos (C.T.M.).

1936.
1 de abril.—El gobierno del general Lázaro Cárdenas expulsa del país al general Plutarco Elías Calles por intervenir en la dirección de la política nacional.

1936.
6 de octubre.—Acuerdo presidencial del general Cárdenas para que se repartan tierras en la Comarca Lagunera.

1937.
24 de junio.—El gobierno de Cárdenas expropia las líneas ferrocarrileras en poder de empresas particulares.

1937.
28 de julio.—Acuerdo presidencial del general Lázaro Cárdenas para que se repartan propiedades henequeneras en Yucatán.

1938.
18 de marzo.—El gobierno del general Cárdenas declara la nacionalización de la industria petrolera. El primer gerente fue el ingeniero Vicente Cortés Herrera.

1938.
5 de diciembre.—El Congreso aprueba la Ley del Estatuto Jurídico.

1939.
12 de enero.—En el cerro de la Viznaga, San Luis Potosí, muere el general Saturnino Cedillo en

un combate con un destacamento de tropas del gobierno. Cedillo, ex secretario de Agricultura en el gabinete del general Cárdenas, renunció al cargo para sublevarse en mayo de 1938.

1940.
20 de agosto.—El líder comunista, León Trotski, es asesinado por un joven catalán pagado por el gobierno soviético. Ramon Montaner, el asesino, duró preso veinte años. El asesinato se consumó en la casa de Diego Rivera, el gran pintor mexicano, en Coyoacán, Distrito Federal.

1940.
8 de octubre.—Fundación del Colegio de México, institución de estudios avanzados y de investigación en el campo de la Historia, Filología, etcétera. Se estableció a propuesta de la Casa de España en México, formada por intelectuales españoles exiliados.

1940.
1 de diciembre.—Asume la presidencia de la República el general Manuel Avila Camacho.

1941.
29 de abril.—Se funda el Instituto Nacional Indigenista.

1941.
17 de junio.—El gobierno mexicano incauta los barcos extranjeros del Eje que se hallan en puertos nacionales.

1942.
13 de mayo.—El **Potrero del Llano,** barco petrolero mexicano, es hundido por un submarino alemán.

18 de marzo de 1938. El gobierno de México, presidido por el general Lázaro Cárdenas, nacionaliza la industria petrolera.

1942.
28 de mayo.—El gobierno del general Manuel Avila Camacho declara la guerra a las potencias del Eje, como consecuencia del hundimiento de barcos petroleros mexicanos por submarinos alemanes.

1942.
19 de agosto.—Entra en vigor la Ley del Servicio Militar Obligatorio.

1943.
20 de febrero.—Hace erupción el volcán Paricutín en la zona lacustre del estado de Michoacán.

1943.
23 de junio.—Se funda el Instituto Nacional de Cardiología.

1944.
3 de febrero.—El gobierno mexicano celebra con los Estados Unidos los tratados que normarán la repartición de aguas de los ríos Bravo, Colorado y Tijuana.

1944.
16 de julio.—Se integra el Escuadrón Aéreo 201, a las órdenes del coronel Antonio Cárdenas Rodríguez, para combatir a los japoneses. Sale a entrenarse a los Estados Unidos y entra en campaña el 30 de abril de 1945.

1944.
21 de agosto.—A iniciativa del secretario de Educación Pública, don Jaime Torres Bodet, el presidente Manuel Avila Camacho expide la Ley de Campaña Nacional contra el Analfabetismo.

1945.
19 de octubre.—Muere en México el general Plutarco Elías Calles, ex presidente de la República. Junto con todos los exiliados políticos de diversas épocas, Calles regresó al país durante el gobierno del general Manuel Avila Camacho.

1946.
28 de marzo.—Se funda la Hemeroteca Nacional en el antiguo templo de San Pedro y San Pablo.

1946.
7 de mayo.—Al realizar unas excavaciones en la ex hacienda de Tepexpan, se descubren los restos de un hombre junto a los de un mamut. El doctor Helmuth De Terra les atribuye una antigüedad de diez a doce mil años, lo cual los hace los más antiguos restos en el Valle de México.

1946.
1 de diciembre.—Toma posesión como presidente de la República el licenciado Miguel Alemán Valdés.

1946.
4 de diciembre.—El presidente de la República Miguel Alemán envía al Congreso de la Unión un decreto para que se lleve a cabo la campaña contra la fiebre aftosa.

1947.
11 de febrero.—El gobierno mexicano alega derechos sobre las islas situadas frente a la Baja California, que no fueron comprendidas en el tratado de paz de Guadalupe-Hidalgo.

1947.
15 de junio.—Se firma el tratado de paz con Italia.

1947.
5 de diciembre.—Es inaugurado el nuevo edificio de la Secretaría de la Defensa Nacional.

1948.
29 de enero.—Se produce un incidente diplomático con la República de Chile, por darle asilo al poeta Pablo Neruda en la embajada de México en Santiago.

1948.
22 de julio.—Se devalúa el peso mexicano a 8.65 por dólar.

1948.
23 de noviembre.—Es designado director de la UNESCO don Jaime Torres Bodet, ilustre diplomático, literato y maestro mexicano.

1949.
16 de febrero.—Un grupo de militares mexicanos son designados representantes de la ONU en el conflicto armado entre la India y Pakistán.

1949.
22 de abril.—Se inicia la construcción del Ferrocarril Chihuahua al Pacífico.

1949.
7 de septiembre.—Muere el gran pintor muralista mexicano José Clemente Orozco.

1950.
25 de mayo.—El presidente Miguel Alemán inau-

gura el Ferrocarril del Sureste, de Coatzacoalcos a Campeche y Mérida.

1950.
29 de noviembre.—El presidente Alemán inaugura el aeropuerto internacional de la ciudad de México.

1950.
30 de diciembre.—Se funda el Instituto Nacional de Cancerología.

1951.
16 de enero.—Se inicia la construcción de la Casa de México en la Ciudad Universitaria de París, Francia.

1951.
16 de junio.—La Asamblea General de la ONU nombra a México miembro del Comité de Buenos Oficios para que intervenga en el gran problema de la guerra en Corea.

1951.
15 de noviembre.—El presidente de la República, Miguel Alemán, envía a la Cámara de Diputados el proyecto para erigir Estado libre y soberano al Territorio de la Baja California.

1952.
16 de febrero.—Se suscribe el tratado de paz con el Japón y con Alemania.

1952.
12 de marzo.—El gobierno anuncia el fin de la fiebre aftosa en toda la República. Se aplicó una vacuna elaborada en laboratorios mexicanos.

1952.

20 de noviembre.—El presidente Miguel Alemán inaugura la Ciudad Universitaria en la ciudad de México.

1952.

5 de julio.—Muere el diplomático y gran novelista michoacano don José Rubén Romero.

1952.

1 de diciembre.—Recibe la presidencia de la República don Adolfo Ruiz Cortines.

1953.

1 de febrero.—El presidente Ruiz Cortines anuncia la iniciación de la política de «marcha al mar» con un programa para reacondicionar puertos, crear flotas pesqueras e intensificar en general el comercio marítimo.

1953.

17 de octubre.—Se le otorga a la mujer mexicana la ciudadanía sin restricciones.

1953.

19 de octubre.—Los presidentes Ruiz Cortines y el presidente norteamericano Dwight Eisenhower inauguran la presa Falcón, en el norte de Tamaulipas, la cual irrigará una vasta región.

1954.

16 de abril.—Se funda la Compañía Nacional Constructora de carros de Ferrocarril. En esta misma fecha la moneda mexicana sufre una nueva devaluación en la paridad con el dólar, pasando de 8.65 a 12.50.

1955.
9 de julio.—Muere en la ciudad de México el señor don Adolfo de la Huerta, ex presidente de la República.

1955.
13 de octubre.—Fallece en la ciudad de México el general don Manuel Avila Camacho, ex presidente de la República.

1955.
1º de noviembre.—El gobierno de México liquida el saldo que tenía con ciudadanos norteamericanos por los daños y perjuicios que éstos sufrieron durante la Revolución.

1956.
1 de septiembre.—El presidente Ruiz Cortinez informa al país que se ha consolidado la recuperación económica.

1956.
30 de octubre.—El Senado aprueba la Ley Federal de Derechos de Autor.

1956.
28 de diciembre.—El Congreso aprueba la Ley Orgánica del Instituto Politécnico Nacional.

1957.
28 de julio.—Fuerte terremoto en México, el más intenso de su historia. Hubo derrumbes, muertos, heridos y graves pérdidas materiales. Cayó el ángel de la Columna de la Independencia, que fue reconstruido y colocado en su lugar por el escultor José Ma. Fernández Urbina.

1957.
1 de septiembre.—La Dirección del Instituto del Seguro Social informa haber puesto en servicio en toda la República dieciséis clínicas y diecisiete hospitales para trabajadores del campo.

1957.
4 de diciembre.—El licenciado Roberto Amorós, gerente de los Ferrocarriles, inaugura los talleres diésel en San Luis Potosí.

1958.
28 de agosto.—Tienen lugar graves incidentes entre huelguistas petroleros y fuerzas policiacas. Como consecuencia de éstos, el gobierno se ve obligado a expulsar a cuarenta extranjeros causantes de los disturbios.

1958.
1 de diciembre.—Asume la presidencia de la República el licenciado Adolfo López Mateos.

1958.
31 de diciembre.—Unas embarcaciones pesqueras mexicanas sufren inesperado ataque por parte de la Fuerza Aérea de Guatemala, por pescar en aguas territoriales guatemaltecas.

1959.
31 de enero.—México rompe relaciones con Guatemala por el incidente de los barcos pesqueros mexicanos. Después de una serie de negociaciones, se reanudan las relaciones el día 15 de septiembre del mismo año.

1959.
12 de febrero.—El gobierno del presidente López

Mateos crea la Comisión Nacional de los Libros de Texto Gratuitos.

1959.
31 de diciembre.—Se funda el Instituto de Seguridad Social al Servicio de los Trabajadores del Estado (ISSSTE).

1960.
3 de febrero.—El secretario de Hacienda de México, licenciado Antonio Ortiz Mena, inaugura en la ciudad de San Salvador, El Salvador, el Banco Interamericano de Desarrollo, institución creada a propuesta de México.

1960.
27 de septiembre.—El presidente López Mateos nacionaliza la industria eléctrica.

1960.
30 de noviembre.—La señora Eva Sámano de López Mateos coloca la primera piedra para construir la Asociación de Protección a la Infancia.

1961.
21 de agosto.—Por acuerdo de la VI Reunión de Consulta de los Secretarios de Relaciones Exteriores de las Repúblicas Americanas, México rompe relaciones con la República Dominicana por actos de agresión contra Venezuela.

1961.
23 de octubre.—El presidente López Mateos se reúne con el presidente Ydígoras, de Guatemala, en la línea fronteriza, para tratar asuntos comerciales y de interés para los dos países.

1962.
22 de enero.—En la reunión de consulta celebrada en Punta del Este, México se abstiene de votar la exclusión de la OEA (Organización de Estados Americanos).

1962.
16 de junio.—El presidente norteamericano John F. Kennedy, en compañía de su señora esposa, visita al presidente López Mateos.

1963.
29 de abril.—A iniciativa del presidente López Mateos, en todos los países del Continente se publica la declaración sobre la desnuclearización de América Latina.

1963.
18 de junio.—En esta fecha queda solucionado el viejo problema de El Chamizal.

1964.
25 de febrero.—El presidente López Mateos recibe simbólicamente 176.92 hectáreas que habían estado en litigio con los Estados Unidos desde el 5 de diciembre de 1866.

1964.
15 de mayo.—De Coatlinchan, cerca de Tezcoco, es trasladada la estatua de Tláloc a la entrada del Museo de Antropología de Chapultepec. Con un peso de ciento noventa y siete mil kilos, tuvo que construirse una plataforma de setenta y dos ruedas para lograr su traslado.

1964.
17 de septiembre.—En la ciudad de México, el pre-

sidente López Mateos inaugura el Museo de Antropología e Historia de Chapultepec.

1964.
1 de diciembre.—Asume el Poder Ejecutivo el licenciado Gustavo Díaz Ordaz.

1968.
1 de julio.—Desde esta fecha hasta el 2 de octubre se producen distintos actos de rebeldía en las escuelas de educación superior de la ciudad de México, que culminan el 2 de octubre con graves hechos de sangre en la Plaza de las Tres Culturas.

1968.
12 de octubre.—El presidente Gustavo Díaz Ordaz inaugura los Juegos Olímpicos en México, que terminan fastuosamente el día 27 del mismo mes y año.

1969.
1 de septiembre.—Se otorga la ciudadanía a partir de los dieciocho años.

1969.
14 de noviembre.—El licenciado Luis Echeverría Alvarez es declarado candidato a la presidencia de la República por el Partido Revolucionario Institucional. En las elecciones del día 5 de julio de 1970 sale triunfante.

1970.
19 de octubre.—Muere el general Lázaro Cárdenas, ex presidente de la República.

1974.
3 de abril.—El territorio de Quintana Roo pasa a

ser estado de la Unión, a propuesta del Poder Ejecutivo y por decreto del Congreso Federal.

1974.

3 de octubre.—El Congreso de la Unión declara la creación del estado de Baja California Sur, capital La Paz.

1974.

12 de noviembre.—Desde que existió una franca revolución en contra del gobierno del presidente Salvador Allende, el gobierno mexicano tuvo tensión política desde el 11 de septiembre de 1973 con el régimen chileno de usurpación, lo que motivó el rompimiento de las relaciones oficiales de México con la República de Chile.

1974.

12 de noviembre.—Después del derrocamiento del presidente chileno Salvador Allende por fuerzas militares, el gobierno mexicano rompe las relaciones diplomáticas con la República de Chile.

1976.

1 de diciembre.—Recibe la presidencia de la República el licenciado José López Portillo.

1977.

18 de marzo.—El gobierno mexicano reanuda relaciones con España.

1981.

22 de octubre.—En Cancún, Quintana Roo, el presidente de México, Lic. José López Portillo, inaugura el Diálogo Norte-Sur, ante los jefes de estado, gobierno y cancilleres de 21 países.

1982.
1 de septiembre.—El presidente José López Portillo anuncia, en su último informe de gobierno, la nacionalización de la banca privada.

1982.
1 de diciembre.—Recibe la presidencia de la República el licenciado Miguel de la Madrid Hurtado.

1983.
30 de mayo.—Se inicia el Plan Nacional de Desarrollo (PND) con objeto de vencer la crisis económica y recuperar la capacidad de crecimiento.

1984.
22 de mayo.—El Grupo de los Seis (México, Argentina, Grecia, India, Suecia y Tanzania) emite un comunicado para poner fin a la carrera armamentista.

1985.
19 y 20 de septiembre.—La ciudad de México es afectada por dos terremotos y, poco después, se pone en operación el Programa Emergente de Vivienda (1 de octubre) y la Comisión de Reconstrucción (9 de octubre).

1985.
22 de noviembre.—Se negocia el ingreso de México al GATT (Tratado General de Aranceles y Comercio).

1988.
1 de diciembre.—Recibe la Presidencia de la República el licenciado Carlos Salinas de Gortari.

1988.
12 de diciembre.—Se pone en marcha el Pacto para la Estabilidad y el Crecimiento Económico (PECE).

1990.

23 de marzo.—Se reanudan las relaciones diplomáticas de México con la República de Chile.

1990.

27 de junio.—Se anuncia la reprivatización de la Banca.

1991.

5 de febrero.—El presidente de México, el primer ministro de Canadá y el presidente de los Estados Unidos anuncian el inicio de las negociaciones trilaterales para el Tratado de Libre Comercio en Norteamérica y, el 12 de junio, da principio el proceso negociador.

1991.

18 de julio.—Se inicia la Primera Cumbre Iberoamericana en Guadalajara, Jalisco, con la asistencia de 21 mandatarios latinoamericanos.

1991.

22 de septiembre.—Se firma el tratado de Libre Comercio entre México y Chile, el primero en el continente Americano.

Impreso en:
Programas Educativos, S.A. de C.V.
Calz. Chabacano No. 65 Local A
Col. Ampliación Asturias
06850 México, D.F.
1000 ejemplares
México, D.F., Enero, 1993